DOCTEUR T. ASLAN

Trait d'Union

Arménie — France

LEURS RELATIONS
DEPUIS LES TEMPS LES PLUS RECULÉS

VANNES
LAFOLYE FRÈRES, ÉDITEURS
1917

Deuxième mille.

ARMÉNIE — FRANCE

DU MÊME AUTEUR

L'Orient. Les Osmanlis. Chrétiens des Balkans. Un volume (2.000) *E. Dentu, Paris, 1892*, **3 fr. 50.**

Légendes et Vérités. Guerre Franco-Allemande. Un volume (4.000). *Société d'Éditions Littéraires et Artistiques, Librairie Paul Ollendorff*, Paris, 1902, **3 fr. 50.**

Le Secret de la Victoire. Conférence, faite le 28 juin 1913 au Théâtre Municipal de Lorient. *Ch. Normand, Hennebont.* Brochure, **0 fr. 50.**

Sur Mer. Falkland. Dogger-Bank. Bataille navale. Jutland, Tactique navale. Brochure, *Lafolye, Vannes.* **1 fr.**

EN PRÉPARATION :

Les Amis Français de l'Arménie, depuis saint Eloi jusqu'à nos jours.

Docteur T. ASLAN

Trait d'Union

Arménie — France

LEURS RELATIONS
DEPUIS LES TEMPS LES PLUS RECULÉS

VANNES
LAFOLYE FRÈRES ÉDITEURS
1917

A MES LECTEURS

Si un auteur, il y a quelque cinquante ans seulement, assumant la tâche d'exposer certains tronçons de l'histoire de l'Arménie avait pris la plume, il eût pu, s'aidant des sources nationales, notamment de Moïse de Khorène, présenter à ses lecteurs un bel ensemble sans trous ni fissures. Depuis lors, la critique a passé par là et l'édifice érigé par les historiens nationaux fut détruit de fond en comble sous les coups des Arménisants. Jusqu'ici, leurs efforts furent de démolition. En attendant que la bâtisse soit reconstruite, je choisirai de préférence des épisodes historiques connus, je veux dire, des périodes où le contact ayant été établi avec l'Occident, les historiens gréco-latins durent relater les événements relatifs à l'Arménie. La manière dont je présenterai cette histoire entremêlée de légendes, de contes populaires, apparaîtra décousue à ceux qui aiment la coordination classique.

Sur l'échelle de Jacob que toutes les nations dressent du sol à l'azur quand il s'agit de remonter à leurs origines, tantôt nous nous tiendrons au milieu, tantôt nous grimperons rapidement au sommet, escaladant l'échelle pour atteindre les commencements du peuple arménien, tantôt nous descendrons les marches afin de nous mettre de plein-pied avec nos jours.

T. Aslan.

Le 10 août 1917.

ARMÉNIE-FRANCE

VUE D'ENSEMBLE

Un coup d'œil jeté sur des cartes ancienne et moderne de l'Asie antérieure fait constater que l'Arménie s'étend en long, des hauteurs de Paryadès aux contreforts ciliciens, en large jusqu'aux confins mésopotamiques, mais son centre, son île de France, là où le noyau se forma et où naquit la royauté nationale, c'est l'Ararat avec ses versants araxien et tigro-arzano-euphratien.

Dans ces hautes régions de l'Euphrate et du Tigre, dans les gorges tourmentées de l'Araxe et du Kour, au pied de l'Ararat et du Taurus ourartien, piétinées par tous les belligérants, tour à tour battus et victorieux, au milieu des batailles incessantes des Assyriens, des Mèdes, des Kimmériens, des Perses, des Macédoniens, des Gréco-Syriens Séleucides, des Romains, des Parthes, des Sassanides, les Arméniens, tout en défendant l'indépendance de leur pays, les armes à la main, au cours de toute l'Antiquité, grâce à leur labeur opiniâtre, arrachant âprement à leur terre de quoi subsister, assurant leur existence par l'ingéniosité de leurs artisans, allaient, venaient des rives de la Mer Intérieure et du lointain Occident jusque par delà les frontières de la Bactriane aux Indes, en Chine même, porter et rapporter les produits de la terre entière connue à l'époque. Ezéchiel, Hérodote, Xénophon témoignent de l'activité de ce peuple, poste avancé de la Civilisation, perdu sur les hauts plateaux d'Asie.

Ce que les Arméniens firent dans l'antiquité, ils s'efforcèrent de le continuer malgré la fureur de rapine et de dévastation de leurs maîtres stupides, les féroces Seldjoukides, les Tadjiks, durant de longs siècles qui suivirent l'établissement de la domination turque en Asie Mineure. Marco-Polo, en traversant vers 1300 la Carénétide, visitant Théosodopolis (l'Erzeroum de nos jours) Erivan, Tiflis et plus loin Djoulfa, le constate à son passage aux derniers jours de la domination byzantine et arabe en ces contrées. Il me serait facile de multiplier les témoignages à cet égard. Je me contente d'une citation seule :

LETTRE LXXXVI

« Tu sais, Mirza, que quelques ministres de Cha-Soliman avaient formé le dessein d'obliger tous les Arméniens de Perse de quitter le royaume ou de se faire mahométans. C'était fait de la grandeur persane si dans cette occasion l'aveugle dévotion avait été écoutée... On ne sait comment la chose manqua ; le hasard fit l'office de la raison et de la politique, et sauva l'empire d'un péril plus grand que celui qu'il aurait pu courir de la perte de trois batailles et de la prise de deux villes.

« En proscrivant les Arméniens, on pensa détruire en un seul jour tous les négociants et presque tous les artisans du royaume. Je suis sûr que le grand Cha-Abbas aurait mieux aimé se faire couper les deux bras que de signer un ordre pareil, et qu'en envoyant au Mogol et autres rois des Indes ses sujets les plus industrieux, il aurait cru leur donner la moitié de ses Etats. »

Dans cette lettre dont vous avez déjà reconnu l'auteur, la Critique crut voir une allusion à Louis XIV et à la révocation de l'Edit de Nantes. Quoi qu'il en soit l'attestation n'en est pas moins acquise... Et, si la Critique voit juste, qu'il me soit permis d'affirmer que c'est un grand, un insigne honneur pour les Arméniens d'avoir été jugés dignes d'être mis en parallèle, de servir de pendants aux réformés de France, sous la plume de Montesquieu.

Cette lettre persane, nous pouvons avoir la certitude que ni Abdul-Hamid, ni les

Jeunes-Turcs ne la lurent, s'évitant ainsi toute méditation au sujet du grave problème qu'elle pose. Mais, que mes lecteurs se rassurent, je ne veux pas par ce biais entamer l'histoire des massacres arméniens. Je me propose — c'est mon originalité — de faire connaître l'Arménie et les Arméniens, sans chercher à les apitoyer par le lugubre récit de ces atrocités.

Dès les commencements des temps modernes, depuis 1453 jusqu'à nos jours, les Arméniens, dans leurs nombreuses communautés de toutes les villes de Turquie, notamment de Constantinople, d'Egypte, de Grèce, de Transylvanie, de tout l'Occident, des Indes, plus tard du Nouveau-Monde et dans leurs territoires nationaux d'Arméno-Turquie, de Persarménie, d'Arméno-Russie, du Caucase, conservant intacte leur intangible foi, survécurent à toutes les calamités, les surmontant grâce à ce patriotisme spécial qui leur est commun avec les Grecs d'Asie et les Juifs de la *diaspora* et dont les caractères ont été si nettement établis par Renan.

Cependant, qu'on ne s'y trompe pas, la foi, la pratique et les controverses religieuses ne suffisent pas à elles seules pour expliquer la persistance de ces peuples. Non. Pour l'historien qui observe, pour le penseur qui recherche l'origine des faits, cette survivance des Grecs, des Juifs, des Arméniens, à travers des siècles de tourments, depuis les années les plus reculées de l'Histoire du monde, représente une des manifestations les plus éclatantes de la vie impérissable des nations. De puissantes ondées de sang ancestral et pur, depuis des siècles, battent dans les tempes de ces hommes, vivifient leur cerveau, tendent leurs nerfs et leur confèrent une âme irréductible. Voilà ce dont il faut se pénétrer si l'on veut se mêler de connaître à fond les complexes problèmes de l'Asie Antérieure.

Ces pays, bénis du ciel, où la Bible plaça l'Eden, les vallées du Tigre et de l'Euphrate, l'Asie Mineure, l'objet des convoitises de toute l'Antiquité, après un siècle à peine de domination turque, vers 1600, se trouvait déjà dans un état de misère sans exemple dans le monde habité.

L'administration cupide, l'insécurité érigée en système gouvernemental, le brigandage des plus florissant, les vols, les razzias, les exactions, le délabrement des voies de communication, abandonnées à elles-mêmes sans nul entretien depuis les temps anciens où Antoine et Auguste les établirent et dont les vestiges persistent encore sous le nom de *Kald-Roum* (la chaussée-romaine) plongeaient toute la population chrétienne et musulmane — il faut bien le dire — dans une telle désespérance que les paysans cultivaient à peine de quoi se nourrir, préférant attendre, plutôt que de vivre leurs jours de détresse, le retour périodique des famines qui les décimaient. Tous les témoignages, tous les voyageurs qui eurent l'occasion de traverser ces contrées au cours du XVIe siècle sont unanimes à signaler l'extrême dénuement de ces régions si riches dans l'Antiquité. Car cette prospérité, en ce qui concerne l'Arménie n'est pas un mythe. Nous en avons des preuves historiques.

« La richesse et la puissance de l'Arménie sont attestées, au reste, d'une façon éclatante par ce fait que Pompée ayant imposé une contribution de guerre de 6.000 talents à Tigrane, père d'Artavasde, ce prince distribua incontinent la somme aux troupes romaines ; à chaque soldat 50 drachmes, à chaque centurion 1000 drachmes, à chaque préfet de cavalerie et à chaque tribun militaire un talent. »

Ce passage de Strabon mérite un court commentaire. Il valut à l'Arménie une sorte de respect dans le monde gréco-romain et aux Arméniens cette espèce de considération qu'inspirent les gens payant rubis sur l'ongle. Il y a lieu aussi de se demander pourquoi Strabon, parmi tant d'autres titres, primant celui d'être le père d'Artavasde, que pouvait avoir Tigrane à la notoriété, met-il cette insistance à le signaler, car il faut noter qu'il s'agit de Tigrane le Grand, toutes proportions objectivées, le Louis XIV et le Napoléon de l'Arménie, le Tigrane que Voltaire mentionne dans ses *Essais sur les mœurs* spécifiant qu'au temps de ce souverain, le royaume d'Arménie avait été fameux.

Eh bien ! voici l'explication. Strabon avait ses raisons. Artavasde, fils de Tigrane le Grand, reçut sous la direction de professeurs grecs, appelés à Tigranocerta par la reine Cléopâtre, femme de Tigrane, une éducation hellénique soignée. Artavasde en profita et devint dans la suite un parfait rhéteur grec et un auteur hellène assez coté. C'était en quelque sorte un confrère pour Strabon et dans l'antiquité, je n'ose dire comme de nos jours, les hommes de lettres se tenaient le coude.

LES AUXILIAIRES ARMÉNIENS

Par Strabon, nous voici au cœur même de l'histoire ancienne de l'Arménie. Je reviendrai sur le compte de ce Tigrane le Grand, non pour ses hauts et bas exploits qui se trouvent mentionnés dans tous les manuels, mais afin de le rattacher à son ancêtre Artaxias dont l'avènement au trône royal d'Arménie coïncide avec un fait primordial, susceptible de jeter un jour révélateur sur les événements passés et futurs de l'Asie antérieure.

Pour le moment, je veux rappeler des épisodes égarés dans la cohue des faits et qui, par cela même, bien que très importants passent inaperçus.

On connaît dans ses détails le concours que l'Arménie cilicienne, sous les Lusignan, prêta aux Croisés. On connaît généralement le rôle des auxiliaires Arméniens dans les armées byzantines au cours des guerres que l'empire soutint contre les Goths, les Huns, les Bulgares. Les noms retentissants en Orient des chefs qui les commandaient, les Mamiconiens, les Arzérouni, les Bagratides dont quelques-uns occupèrent le trône de Byzance après avoir dirigé ses armées sont venus jusqu'à nous. Ce qui est moins connu, c'est l'histoire des auxiliaires Arméniens dans les armées romaines.

Vers l'an 232, l'Arménie et les possessions romaines de l'Asie furent envahies par Artachir le Sassanide. A la tête des légions d'Orient et des contingents arméniens, Alexandre Sévère combattit les Perses. Bien que la campagne d'Alexandre Sévère n'aboutit pas à une victoire complète, l'assistance romaine sauva l'Arménie. En reconnaissance de ce service, les Arméniens, guidés par leur roi, un fils de Valarse, décidèrent d'envoyer en Occident un important corps d'auxiliaires arméniens, lorsque Alexandre Sévère fut précipitamment appelé sur le Rhin par une attaque brusquée des Germains.

Un contingent de 6000 hommes, choisis parmi les plus forts, les mieux entraînés, en majeure partie composé d'intrépides et agiles cavaliers combattant à la mode parthe, s'embarquèrent successivement de 234 à 235 à Séleucie-Alexandrette. Le transport de ces troupes se fit sans encombre de ce port à ceux du sud de l'Italie. Il est bien vrai qu'il n'y avait pas de sous-marins à l'époque, mais il y avait des pirates tenus, depuis Pompée, en respect par la surveillance des escadres romaines.

Les auxiliaires arméniens, la cavalerie remontée en Italie, se hâtèrent, à marche forcée vers les légions du Rhin dans le pays de Mayence. Mais à leur arrivée, ils ne retrouvèrent pas leur protecteur, l'auguste Alexandre Sévère, massacré dans un tumulte militaire à Sikligen en mars 235. Quoique déçus, les auxiliaires n'en firent pas moins tout leur devoir en participant sous Maximin à la guerre de Germanie. La campagne offensive fut rondement menée et les légions romaines, auxiliaires arméniens, après avoir parcouru 400 kilomètres en profondeur rentrèrent en Gaule avec un riche butin en laissant dans la mémoire des Germains le souvenir de la rude leçon qu'ils leur administrèrent.

Ce n'était pas la première fois que, sur les rives du Rhin et de la Moselle, les Arméniens se battaient sous les aigles romaines. Lors de la guerre de Civilis et de Céréalis qui par tant de côtés se superpose à la manière de se battre actuelle, sous Vespasien, un contingent arménien assez important de vexillaires prit part à la longue campagne de Batavie où s'inaugurera la guerre de tranchées.

D'où venaient ces vexillaires arméniens ? Leur odyssée est singulière. Au nombre de 3000 ils avaient servi de cortège à leur roi Tiridate Ier.

Ce Tiridate, à la suite de longues négociations habilement conduites par Tibère

Alexandre accepta de se rendre à Rome afin d'y être couronné roi d'Arménie par les mains de Néron. Je dis que les négociations ont été menées avec adresse car au dernier moment surgit une grande difficulté à laquelle on ne s'attendait pas. Tiridate étant zoroastrien et, par article de foi, tenu de ne franchir ni les eaux ni les mers — voilà bien un excellent précepte religieux par notre temps de torpillage à outrance — refusa catégoriquement de se mettre en route autrement que par voie de terre. Devant l'obstination de Tiridate, ne comprenant goutte à toutes ces histoires, étranger en vrai romain à toutes ces spéculations mystiques, Corbulon fut sur le point de rompre les négociations. Heureusement qu'il était secondé par Tiberius Alexander, personnage des plus important de l'époque, chevalier romain de premier rang, juif d'origine, fils de l'arabarque d'Egypte et propre neveu de Philon qui, étant mieux au courant des superstitions orientales, y tint la main, dans l'intérêt de la politique romaine, prit des arrangements pour que le voyage de Tiridate s'effectua par terre, lui faisant traverser à lui, et à son cortège, aux frais de la Princesse, tout l'empire de la Mélitène à Rome, en passant par la Thrace, l'Illyrie la Pannonie.

Ce voyage, si bien commencé, se termina dans l'apothéose. Néron, dès le premier jour de l'arrivée de Tiridate à Rome, par un caprice irrésistible, se prit pour lui d'une sympathie — j'ajoute morale, car il s'agit de Néron — frénétique. Il lui alloua, d'après le dire de Suétone, 80.000 sesterces par jour, à titre de budget de menus plaisirs et, au départ du roi d'Arménie, au dernier moment, il lui fit porter en cadeau plus d'un million de sesterces. Rabelais, dont la curiosité infinie dénichait toutes les preuves à l'appui de ses thèses, parle de ce même Tiridate dans les termes suivants, au chapitre où Pantagruel loue le conseil des muets : « J'eus l'avantage de lire dans un auteur docte et élégant (il s'agit de Lucien, *Dialogues de la danse*) que Tiridate, roi d'Arménie au temps de Néron, visita Rome et fut reçu en solennité honorable et pompes magnifiques, afin de l'entretenir en amitié sempiternelle du Sénat et du Peuple romain ; il n'y eut chose mémorable en la cité qui ne lui fut montrée et exposée. A son départ, l'Empereur lui fit de grands dons et excessifs ; outre lui fit option de choisir ce que plus en Rome lui plairait avec promesse jurée de non l'éconduire quoiqu'il demandât. Il demanda seulement un joueur de farces, lequel il avait vu au théâtre et, n'entendant ce qu'il disait, entendait ce qu'il exprimait par signes et gesticulations; alléguant que sous sa domination étaient peuples de divers langages, auxquels pour répondre et parler, lui convenait user de plusieurs truchements ; le mime, à lui seul, à tous suffirait. Car, en matière de signifier par gestes était tant excellent qu'il semblait parler des doigts. »

Quand on dévisage la statue de ce Tiridate au Musée du Louvre, on est surpris de l'étrange pouvoir de fascination qu'il exerça sur Néron. C'est un homme de petite taille, planté sans grâce sur ses pieds, insignifiant d'apparence, tenant à la main à la façon d'un berger sa houlette, un bâton qui peut être son sceptre. La seule chose remarquable qu'il ait — et c'est sans doute par là qu'il séduisit Néron — c'est sa barbe pliquée et taillée à l'assyrienne. Ces choses-là arrivent. N'a-t-on pas vu, de nos jours, Octave Mirbeau, tout comme Néron de Tiridate, s'enticher de la barbe de Natanson à un égal degré d'exaltation.

Ces excentricités de Néron m'ont fait oublier les vexillaires arméniens, qualifiés tels par suite de leur passage successif dans plusieurs légions aux jours troubles de Galba, Othon, Vitellius. Ils firent bravement leur devoir pendant toute la durée de la longue campagne de Batavie et de Germanie. La plupart d'entre eux restèrent, dans les eaux du Wahal, les plaines de la Moselle et le long du Rhin.

Et, lorsque depuis les premiers jours d'août 1914 tant d'Arméniens, les uns dans les rangs français, soldats de France d'origine arménienne, les autres venus nombreux de leur propre volonté sous les trois couleurs de France de la Légion étrangère sont tombés face à l'ennemi de Charleroi au Couronné de Nancy, de la Marne à l'Yser, de Verdun à la Somme, me rappelant les auxiliaires de Céréalis et d'Alexandre Sévère, je me dis :

« *Des siècles se sont écoulés, mais la petite Arménie, fidèle à ses traditions nationales, attachée séculairement à sa politique, n'a pas changé de camp.*

LOI DE L'INDÉPENDANCE
DES PEUPLES DE L'ASIE ANTÉRIEURE

L'Antiquité, habile pourtant dans l'art de déchiffrer les réponses oraculaires, éprouva toujours le plus grand embarras pour en débrouiller l'énigme lorsqu'elles étaient relatives à l'Asie Antérieure. Les signes qui apparaissent sur l'Asie sont difficiles à expliquer et d'un symbole menaçant, avaient coutume de dire les devins, les augures de l'époque. L'Histoire n'a que trop confirmé cette manière de voir.

En ce qui concerne l'Arménie, sans doute à cause de sa situation géographique, cette histoire fut le plus souvent navrante. Cependant en vous disant que le roi Tigrane, toutes proportions gardées, fut à la fois le Louis XIV et le Napoléon de l'Arménie, je fis sous-entendre que celle-ci connut aussi ses heures de gloire. Ce Tigrane adorné de l'épithète de *le Grand*, titre bien mérité si on veut se rappeler que l'Histoire le décerne habituellement aux souverains dont les victoires et les défaites sont éclatantes à égal degré, ce Tigrane, dis-je, descendait en ligne directe d'Artaxias qui vivait vers 200 avant notre ère, en assez petit seigneur dans l'Arménie araxienne. Peut-être Artaxias se rattachait-il à une famille de dynastes locaux. Quoi qu'il en soit, il avait été choisi comme satrape de ces régions par Antiochus le Grand.

Un événement très heureux pour Artaxias se produisit très loin de sa satrapie.

Dans ces temps fortunés où les batailles jouissaient du double avantage de ne pas dépasser la durée d'un jour et d'être souvent décisives, il s'en livra une fameuse au pied du Sypile, dans la plaine de Magnésie. Les Romains battirent totalement Antiochus le Séleucide surnommé le Grand.

En histoire, mes préférences vont aux

faits plutôt qu'à leur date, mais il me plaît de mentionner que, sur cette bataille de Magnésie, se livra dans la suite des temps un vif combat entre les chronologistes, les uns tenant pour l'an 187 avant Jésus, les autres pour l'an 190. Au fond, cette marge de trois ans ne fait rien à la chose. La bataille de Magnésie modifia de fond en comble la situation politique de l'Asie Antérieure. Artaxias, un des premiers parmi les dynastes de ces contrées, en profita pour se proclamer roi-indépendant, et soutenu par Rome il participa, ainsi que le relate Polybe, au pacte des Royaumes de l'Asie-Mineure.

Par cette constatation, nous venons de saisir sur le fait une des particularités fondamentales de l'histoire de l'Arménie.

A l'amoindrissement et, à plus forte raison, à la chute d'une grande puissance dominatrice de l'Asie Mineure, l'Arménie ressaisit son indépendance.

La toute première fois, à l'aurore même de leur naissance à l'histoire, au cours des invasions Kimmériennes et Scythiques, des Gogs et Magogs qui désorganisèrent la puissance assyrienne, les Arma, ancêtres des Arméniens modernes succèdent aux Ourartou, s'établissent aux bords du lac de Van, à Doupsa et y forment un petit État indépendant.

Plus tard, à la prise de Ninive par les Mèdes entraînant la destruction de l'empire assyrien, nous trouvons un chef arménien du nom de Parouïr, élevé à la dignité royale par le roi des Mèdes, à cause des services rendus par les Arméniens lors du siège de la capitale de l'Assyrie. C'est le célèbre historien national Moïse de Khorène qui relate ces faits. Ils ont été violemment chicanés par les historiens critiques sous le prétexte que Moïse commit, à la suite de Diodore de Sicile, des erreurs de date, à la vérité assez notables, de deux siècles environ. Il convient de reconnaître que c'était plus qu'il n'en fallait pour que son roi Parouïr fût traité de fabuleux. Ce Parouïr d'Arménie, c'est Pharamond premier roi de France. Aujourd'hui encore, plus peut-être par tradition orale que documentaire, de fanatiques adeptes de l'abbé Velli tiennent *mordicus* pour le roi Pharamond. Ont-ils absolument tort? Après tout, un chef de ce nom a bien existé, paraît-il, chez les Francs. Nous pouvons admettre qu'il en fut de même chez les Arméniens et ceci d'autant mieux que l'histoire critique établit à l'époque précisément de la prise de Ninive, en 608, date rectifiée et sûre d'après elle, l'existence non pas d'un Etat indépendant en Arménie, mais de deux, l'un occidental où régnaient les Zareh, les Archam, l'autre dans les cantons araxiens, soumis aux Tigrane, aux Oronte résidant à Armavir, très ancienne localité de fondation ourartienne, sur les bords de l'Araxe.

De même, à la chute de la puissance chaldéenne, lors de la prise de Babylone, nous trouvons un roi d'Arménie nouvellement intronisé du nom de Tigrane, assez puissant, puisqu'il prit part avec ses nombreux guerriers commandés par son général Empas à la campagne de Lydie aux côtés de Kyros l'Akéménide. Ce Tigrane a meilleure presse que Parouïr, car Xénophon en parle dans son *Cyropédon* et Xénophon, chacun sait ça, fait autorité en matière d'histoire. Si nous voulions chicaner, à notre tour, nous dirions que ce Cyropédon n'est point de l'histoire, mais un roman philosophico-historique consacré à l'enfance et à l'éducation d'un prince, quelque chose tenant à la fois de l'*Emile* de Rousseau et d'*Alexandre Dumas* père, ce qui fait d'ailleurs qu'il contient des faits historiques, dont ce Tigrane venant à titre d'adminicule à l'appui de notre thèse.

J'abrège, n'ayant nullement la prétention de faire l'histoire complète de l'Arménie en quelques pages. Ce que je viens de signaler, c'est-à-dire le retour à l'indépendance plus ou moins totale de l'Arménie, coïncidant avec la destruction ou l'ébranlement d'une grande puissance dominatrice, se vérifie encore à la chute de l'empire Perse sous les coups des Macédoniens.

Les Arméniens, après 200 ans de douce soumission persane, retrouvent une indépendance relative sous le gouvernement de chefs descendant des anciennes dynasties jusqu'au jour où Artaxias se proclame roi. Même constatation au cours des années agitées vers la fin du IIIe siècle, alors que les Sassanides succèdent aux Parthes affaiblis momentanément par des divisions intérieures. Une royauté qui rapidement revêtit un caractère très national naquit sous les Arsacides d'Arménie. Et, dernière preuve, sans parler de l'Arménie Mineure et du royaume Cilicien, la fondation des royautés nationales des Bagratides d'Ani et des Arzérouni (Vaspouracan) aux premiers siècles des invasions arabes, ébranlant l'empire de Byzance.

Ainsi la répétition de ces événements historiques, impressionnés par la même constante à travers les siècles, décèle une sorte de loi régissant l'indépendance des populations cantonnées au pied de l'Ararat dans les régions Nord-Est de l'Asie Antérieure. Cette loi de recouvrance constituerait une exception, un privilège si au cours des siècles elle eût limité son action sur le sort de l'Arménie seule. Ce qui lui donne un caractère de généralité, c'est qu'elle régit la destinée de presque tous les Etats, petits et grands de l'Asie Antérieure dans les années, qui suivirent la bataille de Magnésie. Et, pour en trouver l'application confirmative, nous n'aurions qu'à jeter un coup d'œil sur l'ensemble de l'Asie Antérieure. En Cappadoce, en Osrhoène, en Lydie, en Syrie, Célésyrie, les principales villes grecques datent toutes leur ère de liberté de cette époque. En Judée et en Palestine commence le règne des Assmonéens bientôt suivis des Hérodes.

Je viens d'exposer à grands traits des faits historiques qui établissent l'existence d'une loi relative à la recouvrance de l'indépendance des peuples constitués de l'Asie Antérieure. On s'imagine bien qu'avant de mettre en relief une donnée de cette importance, je me suis documenté, j'ai étudié en détail l'histoire de ces peuples, leur état social et politique, les vicissitudes qu'ils ont vécues. Eh bien ! si mon œuvre était de politique et de diplomatie, au lieu d'histoire, je dirais que la connaissance intime du sort de ces peuples dans le passé aboutit à cette conclusion que leur destinée, dans la relativité des choses d'ici-bas, ne fut jamais plus assurée ni plus heureuse que pendant les années qui portèrent dans l'Antiquité l'enseigne de la *Paix romaine*, equivalente à ce que serait le Protectorat Occidental de nos jours.

Donc, sans me voiler la face d'indignation, comme le font hypocritement beaucoup de gens lorsqu'il s'agit d'examiner les buts de guerre favorables aux Puissances occidentales, venant en compensation des terribles sacrifices que la préméditée et brutale agression de l'Europe Centrale exigea, je dis catégoriquement. Le régime politique futur le meilleur, le plus équitable pour l'Asie Mineure sera le Protectorat Occidental avec une large autonomie octroyée et garantie aux agglomérations autochtones.

Ce régime seul est de nature à faire recouvrer à l'Asie Mineure la prospérité de l'Asie Antérieure.

Et si ce régime prévaut, on sera étonné, pas assurément ceux qui en connaissent les ressources, du rendement économique, et, il faut ajouter, moral, que l'Asie Mineure y puisera pour vivre des destinées nouvelles.

LE CHRISTIANISME EN ARMÉNIE

Dans mon bref préambule, je me suis engagé à raconter des contes populaires, afin de faire connaître l'Orient et les Arméniens. En voici un :

Une certaine année, je ne saurais la préciser, ne l'ayant pas computée, mais vraisemblablement au cours du XVIIIe siècle, toutes les fêtes religieuses, les Pâques chrétiennes, arménienne, grecque, le Baïram qui clôt le Ramazan des musulmans, par une conjugaison rare, se trouvaient placées dans la même semaine d'avril du vendredi au dimanche.

Les vedettes à vapeur qui font actuellement le service des minuscules échelles de la Corne d'Or n'existaient naturellement pas, mais un bac parcourait à forces de rames cette même Corne d'Or, conduisant en ville les voyageurs ayant affaire à Stamboul. Le mercredi-saint de cette année-là, le bac embarqua à Eyoub une grosse légume turque, un mollah à turban vert-blanc, et successivement à Halidji-Keuï un marchand arménien, à Balat un négociant grec, à Hass-Keuï un mercanti juif qu'on désigne communément dans le pays sous le surnom de *bazirghian.* Tout ce monde se casa dans le bac, le mollah occupant la place d'honneur, ayant à ses côtés l'Arménien et le Grec et vis-à-vis, sur un banc, le Juif. Une conversation s'engagea. Le Turc parla le premier.

— J'ai entendu dire que, cette année, notre sainte fête de Baïram coïncide avec vos Pascalias (les fêtes pascales) et, se tournant vers l'Arménien : Savez-vous ce que je souhaite à cette occasion ? Que notre puissant Allah et son invincible prophète ordonnent d'exterminer par l'épée 100.000 Arméniens.

Regardant le Grec :

— 100.000 Grecs et fassent périr autant

d'Arméniens et de Grecs par maladie. Quels sont vos vœux à vous autres ?

— S'il en est ainsi, répliqua l'Arménien, je souhaite que Dieu Tout-Puissant et son miséricordieux Fils, prenant en pitié ses fidèles, les vengent en ordonnant d'égorger 100.000 Turcs et en frappent de mort autant.

— Moi de même, articula le Grec, je demande à Dieu que 100.000 têtes turques soient tranchées par l'épée de saint Georges et 100.000 autres Turcs soient frappés par la peste.

Ces aimables vœux échangés de part et d'autre, le mollah dévisagea le Juif.

— Et toi, Bazirghian, assis là, au bout du banc, que souhaites-tu ?

— Que Dieu et Allah vous entendent tous trois et exaucent chacun de vous !

Bien que tout ce groupe, mis en joie par les solennités festivales prochaines badinât, à travers leurs plaisanteries mêmes transparaît toute la question d'Orient dans son extrême acuité avec ses irréconciliables haines de religion. L'historien philosophe, en présence des lamentables conséquences qu'ont entraînées ces haines, peut se demander si ces gens n'eussent pas été mieux inspirés en adoptant tous, à un moment opportun de leur histoire, la même confession religieuse, celle de la majorité des citoyens dans l'État, ainsi que le veut et le conseille J.-J. Rousseau.

Eh bien ! n'en déplaise à l'historien-philosophe, par la rapide relation que je vais faire des origines du Christianisme en Arménie, on verra que c'était une impossibilité pour les Arméniens.

* * *

Au temps très ancien où l'important rameau Traco-Phrygien des Armens d'Hérodote, dont la conglomération avec les *Khéti* et les débris *Ourartiens* forma le peuple arménien, débouchait par la Carénétide et la Sophène, apportant avec lui ses dieux dont le culte s'établit à Erez (Erzinghian de nos jours), au temps plus ancien encore où le dieu *Chaldis* de l'Ourartou dominait dans les pays actuels de Van, les légendes babyloniennes du déluge, de Noh, des patriarches-rois remontant avec les colporteurs arméniens le cours de l'Euphrate et du Tigre, arrivaient au pied de l'Ararat. Là, elles devenaient parlantes à l'imagination des habitants, en face des hautes cimes de la montagne, si bien que le culte (1) d'Anaïtis-Aphrodite, d'Astghik-Venus-Astarté, de Vahagn-Hercule se ressentait déjà de la concurrence, au déplaisir des prêtres des deux grandes déesses et du principal dieu du paganisme arménien.

Les religions chaldéennes, si extravagantes fûssent-elles, contenaient en elles un germe de monothéisme. C'est donc un premier courant, faible encore d'unification, qui s'introduisait en ces contrées, les

(1) J'ai transcrit les équivalences grecques et syriaques des divinités du Panthéon du paganisme arménien, afin d'en faire saisir la nature,

préparant à accueillir et à goûter les charmes du récit biblique, autrement prégnant, que leur apportèrent dans la suite les colons samaritains et juifs transportés aux confins de l'Arménie, en Médie, en Gordiène par Salmanassar, Sargon et les rois assyriens. La vie patriarcale et simple de ces gens, leur moralité, les massals merveilleux qu'ils racontaient sur leur père Ab-Orham, le paradis qu'on sentait là tout près, à toucher presque, et toujours cet Ararat à l'horizon, montagne salvatrice dont on tirait naturellement quelque orgueil, faisaient que l'Arménie, bien avant d'adopter le christianisme, fut un des pays du monde où se répandirent les préceptes noachiques. Les hommes craignant Dieu y étaient déjà nombreux, dès les deux derniers siècles avant notre ère.

Un autre courant religieux, plus puissant pénétrait également en Arménie par la Médie Atropatène et la Perse, le Mazdéisme Zoroastrien contre lequel l'Arménie chrétienne livra de rudes et terribles batailles, plus tard, lorsqu'il devint politiquement envahisseur et oppresseur. Mais, aux époques dont je parle, malgré les subtilités et les obscurités de l'Avesta, le Mazdéïsme représentait encore un fond de croyances avoisinant le monothéisme.

Le Mazdéïsme toutefois, bien que l'inscription de Béhistoun note parmi les fidèles les Arméniens, ne fut jamais que la pratique religieuse de petits groupements fractionnés, à cheval sur les frontières de l'Arménie à l'est et au nord-est. Il laissa peu de traces, à part quelques mots empruntés à l'Avesta, dans les croyances religieuses de ces pays polarisés par les hauts sommets de l'Ararat.

Les relations fréquentes des Arméniens avec la Palestine et la Judée, les immigrations successives en Arménie de familles d'origine juive, composées des meilleurs éléments, fuyant les persécutions politiques et religieuses durant les siècles pré-chrétiens, plus tard la prise de Jérusalem et la destruction du Temple (70 ans après Jésus), la révolte de Bar-Coziba, sur laquelle l'historien national Moïse de Khorène possède dés renseignements de première main, amenèrent de nouveaux arrivages en Arménie où se répandit, tout au moins oralement, la connaissance de la Bible et surtout des prophètes. Très vite l'identification de l'Ararti *(Ouararti)* se fit avec l'Ararat que les Arméniens d'origine aryenne désignaient dès les premiers temps sous le nom de *Massis* (la *montagne sainte*).

On voit combien, aux jours du christianisme naissant, le sillon était déjà creusé profond en Arménie, prêt à être fécondé par la semence divine.

Sans doute l'histoire établit que l'évangélisation de l'Arménie par Thadée et Bartholémi est de tradition légendaire, mais les documents historiques eux-mêmes confirment un fait indéniable : dès la seconde moitié du premier siècle et plus encore au cours du IIe siècle le christianisme compte de nombreux adeptes en Arménie.

La *legio fulminata*, cantonnée dans la Mélitène depuis Auguste et recrutée dans le pays, avait dans ses rangs des légionnaires arméniens-chrétiens. Il se peut que cette légion ne soit pas la même à qui fut attribué un rôle miraculeux sous Marc-Aurèle lors de la guerre des Quades, mais la légion de Mélitène se distingua toujours par ses attaches et son ardeur chrétiennes.

Dans ces régions de la Mélitène, en Arménie Mineure les Romains d'origine s'y fixaient parfois pour toujours formant des colonies ; les mariages y étaient fréquents entre Romains et Arméniennes et réciproquement. Polyeucte, le grand martyr tragique de Corneille, est un seigneur arménien de la Mélitène. Corneille puisa le canevas historique de sa tragédie chrétienne dans les écrits de l'hagiographe Surius de Lubeck qui vivait au XVIe siècle. Entre 250, année présumée où Polyeucte souffrit le martyre sous Dèce et le XVIe siècle, il y a de la marge, mais ce Surius était un grand compilateur et un collectionneur de martyrs, rien d'étonnant que, dans ses lectures, il ait trouvé mention du martyre de Polyeucte. On ne voit pas trop pourquoi il l'aurait inventé, le plaçant précisément à Mélitène, à moins que la *legio fulminata* l'ait inspiré.

Si même le martyre de Polyeucte en personne demeure contestable, la certitude des persécutions qui sévirent contre les premiers chrétiens dans les provinces asiatiques romaines, est acquise à l'histoire. De Trajan à Dioclétien, en passant par Dèce, les dieux antiques luttèrent terriblement contre les nouvelles croyances à l'aide du bras séculier de l'époque. Durant près de deux siècles, la petite Arménie, puisant dans sa faiblesse une incroyable force mise au service du droit d'hospitalité, tout en persécutant elle-même, par une contradiction fréquente en histoire, ses propres chrétiens nationaux. ouvrit ses frontières de l'ouest et du sud-ouest toutes grandes aux Phrygiens, Lydiens, Cappadociens, Syriens fuyant, terrorisés, les arènes sanglantes d'Asie. L'usage que fit l'Arménie à cette époque, en dépit de la précarité de son indépendance, du droit d'asile, le plus noble attribut de la souveraineté, mérite d'être signalé.

Cet asile est sacré, l'on ne peut m'y poursuivre.

Ce médiocre vers, mais humain, qui fut la devise des Eglises et des monastères aux époques médiévales, eut pu être inscrit sur les bornes frontières de l'infortunée Arménie prédestinée dans les temps à subir de si effroyables persécutions religieuses et politiques.

*
* *

C'est en l'an 305 que l'Arménie adopta officiellement le christianisme. On ne saurait exactement fixer l'année, mais tout porte à croire que la conversion eut lieu en 305 et non en 301, ainsi que le veulent les auteurs arméniens. (La date de 305 a été établie par Kévork Aslan, *Etudes historiques sur le peuple arménien*, Paris, 1909).

En 314, Constantin convoque dans la cité d'Arles les évêques d'Occident. De ce concile date la sanction légale conférée au christianisme en Gaule et en Italie.

Le jour de la Nativité de l'an 496, Clovis se fit baptiser. Historiquement, l'Arménie détient donc le record de l'adoption officielle du christianisme (1). On est tenté de dire que ce fut en toute équité, car depuis qu'elle établit cette performance, jusqu'à nos jours, l'Arménie ne cessa d'être martyrisée. Mais, n'importent les sacrifices, n'importent les persécutions, c'est un grand titre de gloire pour ce petit peuple d'avoir été ainsi le premier à adopter offi-

(1) Les Abgars d'Edesse ont embrassé le christianisme vers la fin du IIe siècle, mais leur histoire est trop confuse pour rentrer en ligne de compte. Les Arméniens prétendent que ces Abgars sont d'origine arménienne, les Syriens disent le contraire. Dans tous les cas, le christianisme de Bardesane était flottant et sa durée officielle atteignit à peine un quart de siècle, Caracalla ayant détrôné les Abgars d'Edesse, roitelets d'Osrhoène,

ciellement la Foi nouvelle à laquelle devaient adhérer plus tard les plus hauts représentants de l'humanité.

Si un Français, piqué de curiosité, voulait apprendre comment se produisit ce grand événement en Arménie dans l'an 305, il n'aurait qu'à lire quelques pages de Grégoire de Tours, je dis bien de Tours. Ce qu'il raconte sur Clovis, le rôle décisif de saint Rémi, le baptême du roi, moins la blanche colombe et la sainte ampoule, celui des grands de toute la cour, du peuple, se retrouve presque mot pour mot dans la chronique arménienne portant le titre d'Acathange ou Acathangélos (porteur de la bonne parole) faisant le récit de la conversion merveilleuse et miraculeuse de Tiridate III, des seigneurs arméniens, de toute la cour, des gens du peuple catéchisés et baptisés tous par le saint évêque d'Arménie, Grégoire, l'Illuminateur. A ses côtés la légende place les virginales figures de Hribsimé et Gaïané, sanctifiées par l'Eglise arménienne. Elevéesdans la foi chrétienne à Rome, ces deux héroïnes nationales, échappant aux persécutions de Maximien, réussissent à atteindre l'Arménie et se fixent à Valarsapat. Là, la gracieuse Hribsimé, d'une beauté incomparable, excite les mauvaises passions du roi Tiridate, alors païen qui, de gré ou de force, prétend faire son épouse de cette vierge consacrée au Seigneur. Introduite dans la chambre nuptiale, Hribsimé, dont le Seigneur décuple les forces, se défend énergiquement ; elle sort victorieuse de la lutte, et intacte et triomphante, elle rejoint Gaïané. Le roi fort mécontent d'une pareille mésaventure, ordonne la mort des deux vierges et de leurs trente-six compagnes. Elles subissent toutes, l'âme exaltée, unissant leurs voix dans des chants pieux, les plus cruelles tortures d'un long supplice, sans faiblir, montrant un courage égal à celui de sainte Blandine dans les arènes de Lyon.

Toute légende contient en elle une part de vérité historique. Il se peut fort bien que celle de Hribsimé et Gaïané nous rapporte l'écho de la présence à Rome de Tiridate III qui y vécut, en effet toute son adolescence et les premières années de sa jeunesse. Rien n'empêche de supposer que ces vierges chrétiennes d'Arménie aient connu à Rome le jeune Tiridate, leur futur roi, lequel, profitant de son crédit, a pu obtenir des autorités romaines des saufs-conduits pour les jeunes filles aux jours de la persécution de Maximien. La légende s'empara de ces faits et créa le roman de la passion de Tiridate pour Hribsimé. Qui peut d'ailleurs assurer, à la distance où nous sommes de ces événements, que Tiridate, jeune premier, fort coté à Rome, ne s'intéressa pas à Hribsimé, attiré précisément par sa merveilleuse beauté virginale, sur laquelle tous les chroniqueurs arméniens contemporains sont d'accord. La notion historique que l'on possède, à savoir que les contes de ces chroniqueurs furent transcrits en langue arménienne, un siècle et demi plus tard, à l'époque où se répandirent les caractères arméniens de

Mesrop, n'infirme en rien ces suppositions.

Je viens de faire allusion au séjour de Tiridate Rome. Il fut très long, des années, depuis son enfance jusqu'à l'âge de vingt ans.

Rome immuablement fidèle à sa politique d'expansion par le Protectorat, s'inspirant de Lucrèce et considérant justement que le cerveau est une cire molle conservant l'empreinte qu'on lui imprime, avait adopté à titre de mesure gouvernementale, pour ainsi dire l'éducation des princes royaux d'Asie Antérieure. Celle que Tiridate, descendant direct des Arsacides d'Arménie acquit dans la capitale de l'Empire, fut complète à tous égards. Toutes les connaissances intellectuelles du temps lui furent inculquées par de distingués précepteurs dont Lactance, appelé plus tard à une si haute illustration. De plus, un entraînement physique que facilitait la musculature athlétique du jeune prince, le dota de ce que les chefs et les soldats romains estimaient le plus à cette époque : la souplesse, l'adresse, unies à la pleine possession de tous les exercices du corps. A ce point de vue, Tiridate, avantagé par la nature, se montra un élève hors de pair, digne de ses entraîneurs. Il devint très vite un véritable champion du cirque et ses triomphes y furent retentissants. A tel point que Rabelais, grand amateur et appréciateur de la force physique, quelque douze siècles après en entendit les échos, on ne sait par qui, puisqu'il se contente de dire sans nommer ses auteurs : « J'ai ouï parler d'un roi d'Arménie possédant si grande puissance en sa musculature qu'au Colysée de Rome, arc-bouté sur ses jambes, il arrêtait net un char romain lancé au triple galop de trois chevaux de front. » Il s'agit évidemment non de Tiridate I qui eut été incapable d'une telle prouesse, mais de son descendant Tiridate III qui devait devenir quelques années après le Clovis d'Arménie.

Je le surnomme ainsi afin de faciliter la compréhension des événements par les analogies qui les relient et les assemblent.

J'ai déjà mentionné que Grégoire l'Illuminateur qui peut compter, par sa moralité austère et l'énergie de son apostolat, parmi les plus grands évêques de la chrétienté, fut le saint Rémi de Tiridate. L'œuvre accomplie par Grégoire lui valut le surnom de l'Illuminateur, titre bien mérité quand on envisage l'éclat de son rôle. Sa grande figure impérissable se transmet d'âge en âge au sein du peuple arménien, et l'Église nationale s'en glorifie justement en le plaçant au premier rang de ses saints. La part prise par Tiridate dans le mouvement moral et civilisateur fut également grande : ce prince, qui contribua à l'évolution nationale, avait le droit de passer aux yeux de la postérité comme le plus illustre de sa dynastie. (Kévork Aslan, *Etudes historiques sur le peuple arménien*, Paris, 1909).

A ce Tiridate illustré par son baptême, il manqua sa Clotilde (1). L'étonnant, c'est

(1) La reine Aschken, femme de Tiridate, était une princesse parthe fort distinguée, opposée au christianisme avant la conversion de son mari et de toute la cour,

qu'elle faillit exister. A Rome, le jeune Tiridate avait eu une aventure romanesque autre que celle de Hribsimé : Dioclétien qui veillait sur lui, l'ayant recommandé à Constance Chlore, Tiridate fut reçu dans la famille de ce futur César et participa souvent aux jeux des enfants dont une fillette sœur de Constantin, laquelle devint plus tard la femme de Licinius, empereur d'Orient. Cette sœur de Constantin était chrétienne avant son frère et à l'encontre de de son mari, acharné contre les chrétiens, exécutant férocement en Asie, sans tenir encore entre ses mains le sceptre de l'Empire d'Orient, au temps où il était le lieutenant de Dioclétien et de Galère leurs édits proscripteurs. Tiridate, en souvenir du passé, pendant toute la durée de ces persécutions, lui fit une opposition résolue et plus tard délibérément lui refusa tout secours et des ravitaillements, lorsque Constantin vint en Asie Mineure combattre son beau-frère Licinius le Dace.

Tiridate, à moitié Romain par son éducation, parlant un latin très pur, conserva d'ailleurs, pendant toute la durée de son long règne, toutes ses relations avec les hommes de l'Occident qui voyageaient un peu plus lentement que nous, mais plus souvent qu'on ne pense et plus commodément surtout, cheminant par les magnifiques routes impériales sillonnant l'Empire romain du Ponant au Levant. Lors du séjour de Lactance à Nicodémie, son ancien élève dépêcha des messagers auprès du Maître afin de le saluer.

C'est par ces relations de Tiridate et son éducation romaine, qu'il faut sans doute expliquer les particularités relatives à certains passages de la Genèse (*Bible)* si l'on se rappelle ce que j'ai dit dans les premières pages de ce chapitre, sur les origines du christianisme en Arménie.

Bien que la traduction arménienne de la Bible soit postérieure d'une centaine d'années au règne de Tiridate III, j'anticipe un peu sur les événements pour dire, dès maintenant, ce que je considère comme essentiel au point de vue du christianisme.

D'après les données les plus précises garanties par les historiens critiques arménisants, la première tentative d'une traduction des livres saints et de la Bible en Arménie se fit sur des textes syriaques. C'est après constatation de l'insuffisance de ces textes que les disciples de Mesrop et de Sahac (les inventeurs de l'écriture arménienne) se rendirent à Alexandrie, Athènes et Constantinople pour se procurer les manuscrits nécessaires. Grâce à ces nouveaux textes, grecs, et très probablement hébreux, les traductions faites sur le syriaque furent corrigés et la version de la Bible fut achevée (Kévork Aslan, *passim*).

Or ni le texte hébreu de la Bible, ni les Septante, ni le texte syriaque, dans le verset 4, chapitre VIII de la Genèse, ne contiennent les retouches de la *Vulgate* de saint Jérôme, notamment le fameux et retentissant :

Requievitque arca mense septimo, vigesimo septimo die mensis super montes Armeniæ. »

Et le vingt-septième jour du septième mois, l'arche se reposa sur *les Montagnes de l'Arménie.*

Remplaçant l'Ararti (Ourarti) du texte hébreu et des Septantes.

Je ne sais pas ce que portent les anciens manuscrits d'Etchmiazine, mais celui des couvents de Mékhitaristes, également très ancien, du IXe et du Xe siècle porte bien la retouche de saint Jérôme, si capitale pour l'Arménie et qui dès les premiers siècles fut connue et commentée en ce pays.

La *Vulgate* fut donc connue sinon des traducteurs eux-mêmes, du moins par les commentateurs arméniens, peut-être grâce à des manuscrits latins qu'avait reçus Tiridate, après sa conversion, de ses amis romains (1).

(1) Voir la Bible commentée de Fillion, prêtre de Saint-Sulpice, professeur d'Ecriture Sainte de l'Institut Catholique de Paris, au mot Ararat, *Genèse, VIII.*

ARMÉNIENS — ARMÉNIE

Dans les pages précédentes, j'ai entamé pas mal de questions relatives aux Arméniens, et je m'aperçois que je n'ai pas encore dit ni pourquoi ni comment ils se nomment ainsi ni d'où ils viennent. A la vérité, je n'éprouve qu'un empressement modéré à aborder ces sujets soumis à caution et des plus controversés.

Les Arméniens se désignent sous le nom de Haï et appellent leur pays Haïastan. Pourquoi fit-on de leur pays l'Arménie et d'eux des Arméniens? Nous devons faire quelques efforts pour le comprendre si nous ne nous contentons pas de l'explication que fournit un chroniqueur national disant ingénument : « Nous nous appelons Haï et notre pays Haïastan; il parut plus agréable aux étrangers de nous dénommer

Arméniens et le pays que nous habitons Arménie. »

Et tout d'abord, historiquement, il n'y a rien qui doive provoquer notre étonnement, le plus souvent, les peuples sont désignés par des appellations que les étrangers leur imposent (1). C'est le cas des Grecs et de la Grèce. On nous affirme que les Romains lui donnèrent ce nom, s'obstinant à considérer comme maîtres de toute l'Hellade quelques malheureux clans de Groekes qu'ils avaient trouvés sur leur chemin en Illyrie. Pour l'Arménie la chose est autrement compliquée.

Suivant les sympathies de l'historien pour l'ethnographie biblique, grecque ou persane, nous obtenons des versions différentes. Mentionnons-les tout en prévenant qu'en ces matières, si haute que soit l'autorité de l'auteur, nous devrons faire preuve

(1) Les Arméniens eux-mêmes ne connaissent les Turcs que sous l'appellation de *Dadjiks,* du nom d'une tribu turque, les *Tadjiks* de race touranienne, qui pénétra en Arménie en avant-garde.

d'une certaine méfiance, nous rappelant que, dans tous les domaines de son activité, l'homme est toujours un peu orfèvre à la façon de M. Josse.

Une première tentative biblique fut de prétendre que la montagne *Har-Minni* de la tradition s'identifie étymologiquement avec l'Arménie ; mais cette version souffrait d'être orographique, par conséquent en désaccord avec le principe même de l'ethnographie biblique, exclusivement généalogique. La seconde tentative dans ce sens, plus sérieuse et contenant sans doute une part de vérité, fut la remarque faite par les plus illustres des arménisants français V. Langlois et Dulaurier, touchant le rapprochement du *Tog-Arma* biblique avec le suffixe commun *Arma* se trouvant dans les noms des premiers patriarches de M. de Khorène et de la liste anonyme de Sébéos. Cela venait à l'appui d'une tradition conservée chez les Arméniens se considérant comme les descendants à la fois de *Torgom* (Tog-Arma) et *d'Aschkenas.*

Hérodote et Xénophon servirent d'introducteurs en Occident à l'Arménie et aux Arméniens, transcrits dans sa forme actuelle. Après cette présentation, Strabon ne fut nullement en peine de dénicher un personnage dénommé Arménos (1) le Thessalien, qui aurait conquis les hautes régions de l'Euphrate lors de l'expédition des Argonautes.

Une version documentaire, la première et la seule, est inscrite sur le rocher de Bagistan (*Inscrip. Béhistoun*) au temps de Darius sous la forme *Armnik* ou *Ermen* d'où Arménie. Ce serait là une désignation de l'Avesta se rapportant aux pays situés à l'Occident de la Perse.

J'arrête là toute cette documentation qui pourrait être, sans autre intérêt majeur, développée à l'infini si je citais tous les travaux des savants arménisants et arméniens qui se sont occupés de la ques-

(1) Le nom d'Arménos se trouve mentionné chez deux historiens grecs, Cyrille de Pharsale et Méduis de Larine, contemporains d'Alexandre le Grand.

tion. Rendons un juste hommage à leurs efforts et concluons en nous demandant : Faut-il faire un choix ?

Adoptons l'inscription de Béhistoun, puisque gravée sur la pierre, elle semble signifier quelque chose de compréhensible. D'après elle l'*Arménie* serait donc simplement l'*Austrasie*.

*
* *

D'où viennent les Arméniens ? Là nous sommes sur un terrain plus solide, grâce, je suis heureux de le constater, aux recherches historiques, rationnelles, entreprises en ces dernières années, dans tous les pays d'étude par des savants de toute nationalité, de toute catégorie, des historiens, des ethnographes, des linguistes.

J'ai déjà signalé le rameau Traco-Phrygien des *Armens* d'Hérodote. De même les *Kheti* dont l'identification avec les *Haï* apparaît très probable, si l'on veut bien noter en sus que les Haï représentent vraisemblablement la branche du peuple arménien se rattachant plus directement au tronc indo-aryen.

A ces deux composants, d'égale importance de la nation arméniénne, il convient d'ajouter l'apport sans doute notable, fourni par les débris ourartiens.

Il est indéniable que le déchiffrement des inscriptions ourartiennes de Van, bien que partiel et inachevé encore, révèle déjà ce fait que les Ourartiens, parlant une toute autre langue que l'Arménien, ont dominé dans ces pays du Haut-Euphrate, de l'Araxe, au pied de l'Ararat et autour du lac *d'Arsissa* des géographes classiques durant des siècles précédant l'établissement des Arméniens en ces régions. Mais à côté de ces données incontestables nous avons des preuves de la persistance des débris de ces premiers autochtones, amalgamés avec les nouveaux arrivants. Et quand bien même ces preuves nous manqueraient, la loi humaine intangible qui veut que des conquérants, quels qu'ils soient et si fortement qu'ils le veuillent, sont dans l'impuissance de détruire totalement une population enracinée dans sa terre, cette loi serait là pour nous garantir que les choses se passèrent comme nous le supposons.

Il est bon de savoir, et, n'est-ce pas un grand réconfort en présence du spectacle des déportations et des transplantations perpétrées sous nos yeux par les Germains et leurs alliés, à l'instar des Assyriens, il est bon de savoir, dis-je, que, contrairement à l'absolu des historiens, et surtout des chronologistes, *on n'extermine jamais tout.* La nature défend son œuvre et, en dépit de toutes les forces de destruction coalisées, les populations momentanément vaincues survivent pour renaître et se reconstituer. Ce fut le cas pour les Ourartiens dont on retrouve encore dans des villes de l'Arménie *Menazkert, Ardjîs, Erivan* par allitération séculaire, les noms des rois de l'ancien Ourartou.

L'Ourartou, le pays où dominait le dieu *Khaldis* au temps de sa splendeur, avec ses frontières allant au-delà de la Bactriane, c'est le royaume d'*Aschkénas* de Jérémie, l'Aschkénas dont par tradition nationale prétendent descendre les Arméniens. On voit ainsi que les nouveaux arrivants, les Armens, les Kheti, les Haï se juxtaposèrent aux premiers habitants des côtes et vallées ourartiennes, puis se conglomérèrent définitivement avec eux pour former ensemble la nouvelle nation arménienne, courant au-devant de ses destinées futures.

Par Aschkénas, les Arméniens se rattachent aux Cimmériens *(Gamirk des Arméniens, de Gimmri, Kimmri)* et aux Celtes (Keltoï des Grecs) désignés sous la forme de Khaldik par les anciens auteurs arméniens englobant ainsi des Celtes avec les restes des populations ourartiennes.

Dans son livre si extraordinaire portant le titre de *L'Antiquité de la nation et de la langue des Celtes*, le bénédictin D. Pezrou a, le premier, affirmé que les Gaulois sont originaires de la Bactriane. L'ethnographie biblique fait descendre les Gaulois d'Aschkénas, un fils de Gomer, fils de Japhet. Jérémie appelle royaume d'Aschkénas tout le pays d'Ourartou jusque par delà les frontières de la Bactriane. Ces régions, en majeure partie, furent occupées plus tard par les Arméniens. Quand je parlerai de la langue, je signalerai les très intéressants et curieux rapprochements qui s'établissent entre le Kimro-breton, le gaëlique et l'arménien. Des mots partis du fin-fond de l'Asie Antérieure, en passant par le Kimro-breton et le gaëlique, se trouvent reproduits en entier, sous leur forme primitive, dans le français moderne, le rattachant par dessus le latin et le grec au sanscrit. Au point de vue linguistique l'étude de l'arménien, bien que assez fouillé dans ces derniers temps, est encore à l'état embryonnaire. De nouvelles recherches philologiques réserveraient de grands éclaircissements quant à l'origine et à la parenté des langues occidentales galloises avec la souche primitive, le sanscrit, projetant un jour nouveau sur les points que le rameau pélasgique laisse dans l'ombre.

J'ai écrit plus haut que le nom d'un roi ourartien, Arghist-is, se reconnait dans l'Ardjïs bourgade arménienne, absolument comme les Rhèmes séculaires se retrouvent de nos jours en leur cité sainte et martyre de Reims.

Les mots ont la vie plus dure que les pierres érigées en monuments par la main des hommes ! N'est-il pas digne de remarque de constater que vingt-huit siècles après l'*Ashgouzaï* ou l'*Ishgouzaï* des inscriptions cunéiformes désignant l'Aschkénas de Jérémie, le doux vocable d'*Ishgouhitza*, tintant harmonieusement à l'oreille, sert de prénom, aujourd'hui encore à des jeunes filles arméniennes. Je n'ai jusqu'ici rien dit d'elles ni des femmes arméniennes ; ce sera le sujet des pages suivantes.

LES ARMÉNIENNES

Les bardes arméniens chantaient dans les temps anciens :

« Le valeureux roi Artachès, monté sur « un beau cheval noir, tirant la lanière de « cuir rouge, garnie d'or, prompt comme « l'aigle qui fend les airs, franchit le fleuve « et lance sa lanière luisante d'or autour « des flancs de la vierge des Alains. Il « étreint avec douleur la taille de la jeune « princesse et l'entraîne brusquement « dans son camp. »

Ce chant soumis aux épreuves de l'Histoire critique s'en tire assez honorablement ; on le situe dans les premières années de la royauté nationale arménienne. A l'entendre, on devrait croire qu'il y eut vers ces époques reculées plutôt pénurie de femmes en Arménie, car cette nécessité où se trouva le roi Artachès de se procurer une reine *au lasso* rappelle singulièrement l'enlèvement des Sabines réduit à sa plus simple expression.

Ces mêmes bardes chantaient encore :

« Une pluie d'or tombait au mariage d'Artachès ; les perles, les diamants pleuvaient aux noces de Sadinie (la fille des Alains) ».

Ce chant établit que l'or n'était pas chose rare en Arménie pour se déverser ainsi sous forme de pluie dans les grandes solennités ; il démontre également que de tout temps on aima et estima dans ce pays les joyaux, les bijoux. Je dirai, si une occasion favorable se présente, comment cet amour des pierres précieuses sensibilisa la rétine nationale et fit des Arméniens les plus fins connaisseurs en ces matières. Pour le moment, aux côtés de ces chants bardiques, je placerai un conte populaire, transmis oralement au cours des siècles mais qui ne peut remonter au-delà de l'adoption du christianisme, car il implique la monogamie.

Deux jeunes gens, rejetons de noble famille, un Rouschtouni et un Sunide, camarades d'enfance, très amis, se marient le même jour dans deux villes éloignées l'une de l'autre et se perdent de vue. Un an après, ils se rencontrent, se font des confidences sur leur état de marié.

Le Rouschtouni affirme : — Je suis le maître absolu chez moi. Je fais ce que je veux. Ma femme exécute à l'instant, sans objection ni velléité d'opposition, toutes mes volontés, tous mes caprices.

Le Sunide, qui n'était pas précisément logé à la même enseigne, écoute d'autant plus attentivement ce discours et veut en faire son profit.

— Mais, apprends-moi donc comment tu t'y es pris ?

— Très simplement... Le cinquième jour de mes épousailles, lorsque je me trouvai pour la première fois dans notre salle à manger, à table, en tête-à-tête avec ma femme je remarquai un chat qui rôdait autour de nous. Je questionnai :

— Qu'est-ce cet animal ?

Ma femme me raconta que ce chat lui avait été offert, tout jeune, par son oncle d'Ancyre. Elevé et apprivoisé par elle, le chat d'Angora grandissait à ses côtés, et depuis des années, câlin et soyeux, lui tenait compagnie. Sa présence lui était si chère que l'idée de s'en séparer jamais lui donnait des angoisses.

Le récit de ma femme terminé, je m'arrangeai pour attirer le chat sur la table et lorsqu'il vint près de mon assiette, je le regardai d'un air furieux. Puis je le saisis, j'introduisis mes mains entre ses mâchoires, le fendis en deux et je le jetai par moitié à droite et à gauche. A *partir de ce moment ma femme m'obéit en tout.*

— Je te remercie, vivement, cher ami, de m'avoir indiqué ton procédé. Madame Sunide possède également un chat favori qui rôde toujours dans notre salle à manger aux heures des repas. Dès ce soir, je me servirai de ton moyen.

En effet, le soir même, Sunide qui s'était

précautionné d'une provision de mou, attire le chat sur la table, le regarde furibond, le saisit, le fend en deux et le jette par moitié, à droite et à gauche. A peine avait-il fini cette besogne sanglante. — Pan, pan... Sunide reçoit une paire de gifles retentissantes.

Cette anecdote arménienne qui gagne en vitesse et en raccourci, quand au lieu d'être transcrite elle est dite, décèle une moralité sautant aux yeux.

Toute mesure, pour porter en elle son efficacité exige la mise en exécution à temps. Dans tous les domaines où l'homme est appelé à entrer en action, cette leçon, si banale fût-elle, n'est point à dédaigner surtout au cours des terribles événements que nous vivons. Mais, à cette heure, la moralité de ce conte nous intéresse moins que les circonstances au milieu desquels il se déroule. Par elles, nous entrons pleinement dans notre sujet, à la constatation qu'en Arménie, ainsi qu'en beaucoup d'autres pays, les femmes n'ont pas été sans — osons employer l'expression populaire, la seule qui fasse comprendre le fait — porter culotte.

*
* *

Du même coup de balai, le christianisme en Arménie, comme ailleurs, avait nettoyé à la fois le ciel et le foyer conjugal. La femme légitime soustraite au contact des concubines, des esclaves favorites y dominait en sa nouvelle situation de mère respectable, d'épouse à part égale, dans une indépendance suffisante, assurant le grand rôle social dévolu à son sexe chez toute nation policée.

Durant les premiers siècles chrétiens, certaines charges florissantes, datant du paganisme polygamique persistèrent. Les gardiens commis à la surveillance du gynécée tant des palais royaux que des châteaux princiers furent maintenus, notamment le gardien chef royal portant en Arménie le nom de *Mardpet*. Le maintien des gens de cette espèce dont l'office s'annihilait par l'inemploi, s'explique par d'étranges considérations fiscales. Les grands financiers de cette époque, n'ayant pas encore conçu l'ensemble de toutes les modalités de l'impôt progressif sur le revenu, se trouvaient dans l'obligation de recourir à des expédients. Sur leurs conseils, les chefs d'Etat, rois, princes, seigneurs, en Arménie comme dans le reste du monde, favorisaient grandement les *Mardpets* afin de leur faire occuper les plus hautes situations civiles et militaires. Narsès l'illustre général de Justinien, que les Arméniens réclament comme un des leurs et qui *porta dans un corps d'eunuque une âme de héros*, était, à n'en pas douter, du nombre des mardpets, lesquels grâce à la faveur impériale ou royale, réalisaient de grosses fortunes. Le fisc y trouvait son compte ; les mardpets morts intestats — et on s'arrangeait pour cela — avaient pour héritiers naturels les empereurs, les rois, les princes les seigneurs, en un mot tout l'Etat à ces époques reculées de l'histoire.

Le conte populaire que j'ai cité plus haut doit précisément remonter à ces premiers siècles chrétiens si on en juge par les noms, à moins que la malignité publique au courant de la chronique des palais princiers ait choisi ces noms à cause des tracasseries domestiques qu'on prêtait à ces grands personnages.

Historiquement, les Sunides, d'une ancienne famille princière datant des origines arméniennes, rudes chefs de guerre au temps des Sassanides, adoucis et quelque peu amollis par le christianisme, passaient pour être tombés en quenouille, malgré qu'ils eûssent conservé leurs possessions familiales s'étendant du pourtour du lac de Sévane aux frontières de l'Albanie. Les princes Sunides, dont quelques-uns s'élevèrent à la dignité royale, chantaient au lutrin, officiaient en personne, vivaient au milieu de prêtres et de moines pour qui ils érigaient à l'envi des églises et des monastères. Somme toute, c'étaient des rois et des princes débonnaires, affectionnant la messe et les chants pieux à la façon du roi Robert. Des histoires désagréables de femmes, tout comme celle de la reine Berthe pour le roi Robert, ne leur firent pas défaut. Rien d'étonnant pour que l'un d'eux ait reçu une paire de gifles de sa femme.

Et cependant, il semble que ces princesses Sunides, toutes confites de dévotions et de pratiques religieuses, eûssent dû avoir la main moins leste. Plusieurs d'entre elles marquèrent dans les fastes de la chronique arménienne par leur piété et les dons qu'elles firent aux églises. La princesse Chahandoukht embellit le bourg de Tic, y bâtit une élégante église de style arméno-byzantin qu'elle offrit au monastère de Tadéro. Une inscription datant de son temps porte encore à la oonnaissance de la postérité ces faits tout en l'honneur des Sunides. On y voit que leur œuvre ne fut pas seulement de chanter matines dans les églises, mais, en princes éclairés, ils mirent au service de l'instruction publique, naturellement celle de leur temps, leur puissance, leurs richesses. D'accord avec leurs femmes, gracieuses et distinguées, attirant par leurs charmes, en ces pays éloignés des docteurs, des professeurs de Byzance et des villes d'Occident, ils fondèrent un grand nombre d'institutions consacrées aux études. C'est ainsi que le domaine des Sunides devint dès le VIIe siècle, le principal foyer d'instruction avec le célèbre séminaire de Tadew, sorte de Clairvaux arménien où étudiaient les diacres se perfectionnant en science théologique, copiant aussi force manuscrits. Ce couvent de Tadew eut sa grande illustration, son saint Bernard, dans la personne de l'évêque Pétros, écrivain, philosophe et poète, très estimé aujourd'hui encore par les arménisants.

Je n'en ai pas encore fini avec ces Sunides. Parmi ces grandes dames dont j'ai parlé la chronique arménienne fait une place à part à la princesse Buregh de Sunide.

En l'an de grâce 624, l'empereur Héraclius en qui survivait quelque chose de César et même d'Alexandre, après avoir chassé les Perses de Syrie et de la Cappadoce, entreprit une campagne énergique contre ces mêmes Perses en Arménie. Débarqué à la tête de son armée à Trébizonde, l'empereur hiverna en Carénétide où rejoignit la cavalerie arménienne commandée par l'arménien Mjej-Gnouni, un des plus audacieux et intrépides généraux de cavalerie de ce temps; Carine délivrée, les troupes byzantines s'avancèrent au cœur même de l'Arménie vers les défilés araxiens.

A l'aube d'une fraîche matinée de mai en 625, la brise légère soufflant dans les airs purs, alors que s'éclairaient vers le nord les blancheurs éclatantes des cimes de l'Aragaz, sur la route serpentine venant des vallons de l'Araxe, apparut aux yeux des avant-postes d'Héraclius un long convoi précédé d'un peloton de cavalerie. Etait-ce l'ennemi ?

A portée de javeline, les cavaliers s'arrêtèront : l'un d'eux, posément, au pas lent de son coursier, s'avança. Ni casque, ni cuirasse. La gorge encerclée dans un corselet de tresses tordes bleu et or ; le cou dressé droit, serré dans un collier filigrané d'or où s'attachaient par rangée triple de menues médailles scintillantes aux premières lueurs du jour. Un voile de tissu très fin du Caucase, lamé de bandes de soie pourpre et or, à longues franges d'argent s'enroulait gracieusement autour de la tête, tombait légère sur les épaules, laissant librement flotter au vent une chevelure éblouissante. A cet aspect, tous reconnurent non un cavalier ennemi mais une messagère de Dieu. C'était la princesse Buregh de Sunide qui, à la tête de ses guerriers, suivis d'un convoi de ravitaillement, se rendait au camp d'Héraclius.

L'empereur prévenu se hâta au devant de la princesse. A sa vue, Héraclius, se souvanant qu'il était galant homme quoique César, se départit de sa raideur militaire et débuta, avant même l'échange des salutations d'usage, par un compliment. Saisissant la main de la princesse, il dit :

« Ton cou est comme la tour de David, « couronné de créneaux, et là sont suspendus mille boucliers armures des forts. »

« Et maintenant, Princesse, consens à me demander des faveurs, toutes sont accordées d'avance. J'en jure par le Dieu Tout-Puissant qui nous voit et nous entend. »

C'est ici que l'histoire se singularise. La princesse Buregh de Sunide demanda à titre de faveur exceptionnelle — on a peine à le croire — le suprême honneur de toucher et d'admirer la barbe d'Héraclius qui la portait fort longue, toute parfumée de senteurs rares. Plutôt agréablement surpris, l'empereur y consentit, croyant de la sorte satisfaire une coutume locale. Mais il se souvint de ce trait délicat de désintéressement et ne tarit pas d'éloges sur le compte des princesses arméniennes. Une bonne réputation vaut mieux que les parfums les plus exquis, dans la suite des temps, les Arméniennes en profitèrent pour occuper plus d'une fois le trône de Byzance. D'après le savant historien arménien, M. Basmadjian (1), on compte jusqu'à huit impératrices d'origine arménienne. Ce sont les impératrices de Byzance : Marina, Théodosia, Euphrosine, Théodora I, Hélène, Théodora II, Théodora III, Rita.

Je me rappelle fort bien dans les premières années de mon enfance, qui s'écoulèrent en Orient, avoir porté un vif intérêt à la première de ces impératrices, Marina, Maryam l'arménienne qui fut la femme de Constantin Porphyrogénète, lequel prestement et cruellement, après de courtes hyménées, la relégua à Prinkipo (îles des Princes) dans un couvent dont on voyait encore, tout au bord de la mer bleue en contre-bas de la route faisant le tour de l'île, les soubassements en ruine avec d'immenses trous, laissés béants par les voûtes

(1) K. J. Basmadjian, *Histoire moderne des Arméniens*, Paris, 1917.

écroulées, au fond desquels on devinait le raffinement des tortures que les malheureuses reléguées y subirent durant le règne des splendeurs byzantines.

*
* *

Des Sunides je passe aux Bagratides. La transition m'est facilitée par le mariage d'une princesse de Sunide, la gracieuse Catraminée, avec Gaghik I d'Ani, roi Bagratide. Ce que fut cette princesse sur le trône d'Ani, les imposantes ruines de la capitale des Bagratides, les grandioses monuments dont les restes jonchent le sol, le disent à qui les visite. C'est elle qui acheva la construction de la cathédrale profanée depuis lors, durant des siècles, et racontant aujourd'hui encore par ses blocs de pierre disjoints et éparpillés, la piété, la volonté forte et persévérante de la grande reine Catraminée. Touchante figure de ces temps reculés à qui mon condisciple au Quartier Latin, le distingué arménisant français Gatteyrias (1), consacra d'étincelantes pages, la comparant à Blanche de Castille, au retour de son voyage d'étude en Arménie en 1881.

Ces princesses Bagratides, avant de devenir reines pour leur propre compte, firent, des siècles durant, la pluie et le beau temps à la cour des rois d'Arménie. Hardies, audacieuses, séduisantes, d'une somptuosité raffinée, très férues aussi de leurs prérogatives de préséance, on les voit, avec une constance qui demeure le secret de la femme en ces matières, s'évertuer sinon d'éliminer du moins à amoindrir toutes les rivales, les princesses Arzérouni, Rouschtouni, les grandes dames austères Mamiconiens, les Camsaracans. Nullement

(1) Gatteyrias (*l'Arménie, les Arméniens*), élève à l'École des langues orientales, s'était spécialisé dans la langue arménienne qu'il connaissait à fond. Sur mes suggestions, il obtint du Gouvernement français une mission d'étude en Arménie et au Caucase (1881). A trente-six ans d'intervalle, je suis heureux de rendre un juste hommage à cet ami disparu, enlevé trop tôt à ses études qui le passionnaient.

prudes, au contraire, très allantes, vives, elles surent, chaque fois que l'ambition familiale fut en jeu, captiver les faveurs royales au profit de leurs maris, en charmant les occupants du trône, quels qu'ils fussent, parthes, romains, byzantins, y compris même les Emirs arabes sous la protection desquels les Bagratides décrochèrent enfin la couronne royale à laquelle ils aspiraient depuis les secondes origines arméniennes, les années où sous Tiridate II, ils vinrent de la Bactriane s'établir en Arménie. Jusqu'à leur propre intronisation, les princesses Bagratides à la cour des rois d'Arménie par privilège spécial s'ornaient d'un diadème garni de trois rangs de perles, alors que les autres princesses se contentaient de deux rangs. Le costume de cour de ces dames était d'ailleurs suffisamment somptueux pour toutes: des robes de pourpre brodées d'or à garnitures de zibeline, des pierres précieuses constellant le corsage, des boucles d'oreilles, des bracelets, des bagues à cabochon (1) aux index et aux petits doigts des deux mains.

Les lignes qui précèdent, relatives surtout aux femmes ne devront pas donner le change. Les Bagratides furent de grands civilisateurs et leur court règne dans une indépendance précaire, par l'état florissant des lettres, des arts, des travaux d'utilité publique entrepris dans tout leur domaine, les constructions qu'ils érigèrent en nombre infini et dont les ruines étonnent

(1) Au cours de sa *vie inimitable*, Marc Antoine, afin de satisfaire les fantaisies onéreuses de Cléopâtre, entreprit plusieurs expéditions en Arménie dont les temples passaient pour très riches. Dans une de ses campagnes, Antoine pilla le temple d'*Anahit* à Erez, s'adjugea de cette déesse la statue d'or massif, garnie de pierres précieuses. Un rubis cabochon, sans tache, éclatant de mille feux eut la plus étrange des destinées. De l'index effilé de Cléopâtre, il passa à l'auriculaire de Cesarion, Le précepteur Théocrite que Cléopâtre avait chargé de conduire Cesarion aux Indes, tenté par le rubis que portait au doigt ce rejeton mixte de César et d'Antoine, le livra à Auguste. Théodore, une fois son élève décapité, lui coupa, à son tour, l'auriculaire et vola le rubis. Auguste condamna au supplice ce précepteur indélicat et s'appropria le cabochon qui passant de doigt en doigt impérial fut vendu par Caligula à Lyon.

les archéologues, témoigne assez ce dont l'Arménie est capable quand un régime national lui assure la sécurité. Ce règne des Bagratides, de même que celui des Arzérouni à l'époque correspondante sont indéniablement une des manifestations les plus probantes de la vitalité du peuple arménien, industrieux, appliqué et travailleur, ne demandant que la vie sauve pour prospérer.

La déchéance des derniers Gagnik d'Ani et de Kars décida du sort de la famille des Bagratides ; elle disparut de la scène dans la tourmente des guerres et des invasions. Les Bagratides qui jouèrent dès les commencements, alors qu'ils formaient une puissante famille noble, un rôle considérable dans l'histoire de l'Arménie, avaient réussi grâce à leur esprit de suite, leur adresse et souvent leur valeur guerrière, à s'élever à une sorte de souveraineté royale qui s'était maintenue durant deux siècles environ. Les derniers Bagratides étaient trop épuisés pour tenir tête au danger qui les pressait de toutes parts ; le torrent de la nouvelle invasion les emporta. A côté de leur faiblesse, leur impuissance à réduire le régime féodal, leur incapacité politique qui les empêcha de créer un organisme viable, il est juste de signaler que le pouvoir de ces rois Bagratides, avec ses tendances civilisatrices et ses soucis de bien-être matériel, fut un temps de bienfait au cours de ces siècles de barbarie (Kevork Aslan, *passim*). Je suis heureux de transcrire ce jugement d'ensemble sur les Bagratides de l'historien Kévork Aslan qui confirme et complète le peu que j'ai dit de ces rois d'Arménie.

Dès l'assassinat de Gaghik d'Ani, commis en traîtrise au château de Cybistra près de Bizu en Cappadoce, et l'abandon de Kars par son cousin, fils d'Abas, les Bagratides cessèrent d'exister comme souverains, mais la famille a-t-elle totalement disparu ? Sept siècles après les événements d'Ani, l'adversaire de Napoléon, le prince russe Bagration se prétendait un descendant des Bagratides d'Arménie. Voilà bien un exemple de la persistance des mots et des noms. Qui voudrait croire qu'en consultant un menu de grand restaurant sur les boulevards parisiens, à la première rubrique, sous la mention de potage Bagration, on puisse retrouver un souvenir des rois arméniens d'Ani transmis indirectement à travers les âges !

*
* *

Il n'y eut pas que des saintes en Arménie. Je l'ai laissé pressentir en parlant des princesses Bagratides.

« Aux Indes Orientales, la chasteté y « étant en singulière recommandation, l'u- « sage pourtant souffrait qu'une femme « mariée se put abandonner à qui lui pré- « sentait un éléphant ; et cela avec quelque « gloire d'avoir été estimée à un si haut « prix. »

Je ne sais sur la foi de quel voyageur Montaigne rapporte cet étrange trait de mœurs, mais ce dont je suis certain, c'est qu'en Arménie, à quelque époque que ce fût de son histoire, ce gros prix pachydermique lui-même n'y pût aspirer à pareille faveur. La chronique arménienne y signale quelques reines dissolues, comme partout ailleurs, telle Erato qui vécut comme Frédegonde, la merveilleuse reine Pharenzem qui séduisit des neveux de roi, des rois en personne et mourut comme Brunehaut, attachée à la crinière et à la queue d'une cavale indomptée, lancée du haut du château d'Artakeretz au fond des abîmes rocheux. Ce fut la grande exception, d'une façon générale, la moralité et la chasteté se tinrent à un étiage supérieur en Arménie par suite de la forte constitution familiale. Les femmes à toutes les époques, menant en Arménie une vie morale, avec l'appoint nécessaire de leur indépendance dans les rapports mondains et sociaux, par leur charme conquérant, contribuèrent à conférer à la nation arménienne le don d'*assimilation.*

La plupart des grandes familles nobles

que j'ai nommées étaient d'origine étrangère, quelques-unes, comme les Mamicomiens venus de très loin des confins de la Chine. Eh bien ! il n'y eut pas d'Arméniens dont le patriotisme égalât l'ardeur nationale inflexible de ces rudes guerriers. De même pour tous les rois d'origine étrangère que la suprématie politique, dans son chassé-croisé partho-romain, imposa à l'Arménie. Tous ces rois, rapidement, plus vite que ne le désiraient ceux qui les avaient intronisés, s'arménisèrent, conquis par la nation, se firent ses plus valeureux défenseurs contre l'agression étrangère. Témoins, les Arsacides, quoique d'origine parthe, et qui occupent une si prééminente place dans les annales de l'Arménie. Darius Codoman, gouverneur d'Arménie 337 ans avant Jésus, se plaisait tellement dans ce pays, grâce aux relations qu'il s'y était créées que, sans cet aventureux d'Alexandre, il pensa fonder là un grand empire d'Arménie qui eût fait quelque bruit dans le monde.

Dans cette attirance qu'exerce l'Arménie,

je fais une part aux Arméniennes. Je n'ignore pas que des éléments fort complexes, la sociabilité, la langue, la littérature, les arts, les sciences, les lois interviennent dans la formation d'une nation, mais du point de vue où je me place, nul facteur plus important que le *charme conquérant* de la femme pour conférer à un peuple la *faculté d'assimilation*. Toute nation privée de cette faculté, si puissante que soit sa reproduction, contient en elle un germe de mort.

L'Orient est un terrain propice où cet axiome, frisant au prime abord le paradoxe, se révèle à l'œil pénétrant, à travers les voiles et les gazes mystérieuses, comme vérité incontestable au spectacle de la femme turque, dépouillée de ses enveloppes. L'élégante robe littéraire, colorée et chatoyante, dont elle s'adorna en ces dernières années, ne modifie en rien sa situation. Son rôle national, à part le ministère de reproduction, est nul. C'est par cette nullité que s'explique principalement la totale absence de toute faculté d'absorption chez les Turcs, formant non une nation mais une association d'hommes impuissants à assimiler les peuples qu'ils ont vaincus jadis par la force brutale.

Sûr de mon fait, je ne redoute pas d'affirmer que nous tenons par la notion ci-dessus exposée la compréhension de certaines incapacités qui apparaissent comme surprenantes à un premier examen. Je m'explique. Il n'est point indispensable d'aller jusqu'en Orient afin de se rendre compte du bien-fondé de ce que j'avance. Les Germains ont eu des Walkyries, mais pas des femmes conquérantes dans le sens propre. La chose apparaîtra extraordinaire, mais entre la Germaine et la Turque, il existe des points de contact. Qu'il me suffise, comme trait principal, de signaler ce fait que nulle occidentale ne put se clore indéfiniment et bénévolement dans un harem turc, contrairement à l'allemande qui s'y plaît, y croît et s'y multiplie. Quand on est ainsi faite, on est inapte à germaniser l'Alsace-Lorraine.

L'ARMÉNIE INTELLECTUELLE

Je me rappelle d'un ami humoriste que j'eus jadis à Constantinople. Un jour, au cours d'une discussion portant sur les aptitudes des races orientales, il embarrassa fort d'une grande ambassade le premier drogman qui, par attribut personnel, parlant et lisant passablement leur langue, en tenait pour la perfectibilité des Turcs.

— Quoi, vous avec l'audace de prétendre que les Turcs sont perfectibles.

Tenez, prenez une belle feuille de papier, découpée exactement rectangulaire par une de vos machines perfectionnées ; mettez-la entre les mains d'un scribe turc de vos amis. La première chose que vous lui verrez faire, ce sera de le voir s'armer d'une paire de longs ciseaux et, d'un coup sec, il biaisera votre rectangle de haut en bas. Puis, saisissant sa plume de roseau, votre scribe, tenant en l'air sa feuille oblique, de sa main droite, marchant à *gauche*, s'ingéniera, contrairement à tout usage civilisé, de suivre, dans un parallélisme chevauchant, la ligne biaise qu'il aura taillée sur votre belle feuille. Croyez-m'en, la destruction, oui ! mais nul perfectionnement à espérer de pareilles gens.

Ce trait acéré me revient à la mémoire, à l'occasion de la découverte des caractères graphiques arméniens par Mesrop et Sahac au commencement du Ve siècle. Les premiers essais de transcription arménienne vers 390 étaient restés infructueux. Après entente avec Sahac, le patriarche, Mesrop obtint une mission et se rendit à Edesse où il eut recours aux lumières d'un fameux calligraphe grec, un certain Rufin qui vivait dans la solitude aux environs de Samosate *(la ville de Lucien)* sur l'Euphrate. Conseillé par Rufin, Mesrop parvint à façonner les caractères arméniens d'après l'alphabet grec : il admit pour rendre la phonétique de l'arménien 36 lettres (Kevork Aslan). Je ne les reproduis pas, ne voulant pas par ce temps de guerre, où je suppose l'Imprimerie Nationale occupée à des travaux plus utiles, lui imposer la charge de prêter obligeamment à mon éditeur ces caractères arméniens que le lecteur curieux, s'il en éprouve le besoin, pourra trouver dans les grands dictionnaires.

Les 36 caractères arméniens à peu près forgés, surgit précisément entre Rufin et Mesrop la question à laquelle je fis allusion plus haut. Fallait-il adopter l'écriture allant de droite à gauche ou vice-versa.

Jusque-là, les manuscrits existants en Arménie, en majorité araméens et hébreux et à leur imitation les transcriptions arméniennes effectuées dans des tentatives antérieures à la découverte de Mesrop et de Sahac, étaient écrits à la mode sémitique, de droite à gauche. Les lettrés, dont le patriarche Sahac, entre les mains desquels les manuscrits grecs et latins se comptaient par unités, accoutumés à l'écriture sémitique tenaient fort à ce que l'arménien se transcrivît de même. Mesrop avait reçu à ce sujet des instructions précises. Lorsqu'il se trouva en face de Rufin son hésitation fut grande.

C'est ici un moment solennel pour l'Arménie. Encore une fois, dans sa vie, perpétuellement balancée entre l'Asie et l'Occident, se posa pour elle le grave problème du choix. Son inventeur mandataire, Mesrop, guidé par l'instinct national, ne craignit pas de transgresser ses instructions et se décida pour l'écriture gréco-latine, transcrite, ainsi que le progrès l'exige de gauche à droite. Et pourtant, l'inventeur des caractères arméniens, de son vrai nom Maschtotz, dit Mesrop, fut tenté par Rufin qui, entraîné par ses manies calligraphiques, ne s'inquiétant nullement des suites qu'une si importante décision pouvait entraîner, proposa, en manière de transaction susceptible de donner satisfaction au patriarche Sahac, le *boustrophédon*. Mesrop, en homme de bon sens, ne voulut pas d'une solution intermédiaire, refusa le boustrophédon des anciens manuscrits grecs et s'en tint à sa décision, sentant bien qu'elle était à la convenance de sa nation évoluant dans l'orbite gréco-latine.

L'invention de Mesrop est d'une ingéniosité extrême, surtout dans les douze lettres qu'il ajouta à l'alphabet grec lequel s'était déjà enrichi de deux lettres additionnées au phénicien. Pourvu de ses trente-six caractères, l'alphabet arménien auquel se surajoutèrent encore au XIIe siècle, deux lettres supplémentaires F et O fermé, afin d'exprimer les termes introduits en Cilicie arménienne par les Croisés, — l'alphabet arménien, dis-je, est capable de transcrire phonétiquement les lettres labiales, dentales, palato-linguales, gutturales de toutes les langues connues, et cela, sans l'emploi des accents ni l'abus des diphtongues.

Quand on examine ces premiers caractères de Mesrop, existants encore aujourd'hui et employés comme capitales de l'écriture cursive ou de la ronde courantes et majuscules d'imprimerie, on est frappé de l'élégance et de la finesse de leur forme. On voit bien que Mesrop et Rufin se sont appliqués avec amour à décorer artistement leurs lettres, les ornant sans fioritures superflues, de traits distinctifs d'un dessin à la fois robuste et fin. Ils se servirent sans doute comme modèle de l'alphabet grec, car la ressemblance est grande entre les caractères de Mesrop et les lettres grecques les plus archaïques (inscriptions cypriotes), mais pour certaines lettres, les inventeurs ont dû également consulter les caractères cadméens-phéniciens ainsi que les syriaques qui se ressentaient davantage que les grecs du voisinage de la Phénicie.

Mesrop, en inventeur persévérant, consacra vingt ans de sa vie à parfaire son œuvre. Il la perfectionna si bien que plus tard on en vint à attribuer son invention à une révélation divine. C'est son disciple Coruno qui l'affirme. C'est évidemment très flatteur pour le Maître, mais les travaux, les efforts, les retouches de cet homme ingénieux et aussi ses déceptions et ses luttes que nous pouvons deviner à distance, courent ainsi le risque de passer au second plan. C'est afin de lui rendre hommage que j'ai insisté, un peu longuement peut-être, sur son cas.

Le plus merveilleux de l'invention de Mesrop, ce fut d'arriver à l'heure précise où l'attendaient, la plume à la main, une pléiade d'hommes de lettres, une armée de traducteurs, lesquels, dans l'espace d'un siècle, firent un prodigieux et formidable travail littéraire, dotant leur pays d'une riche bibliothèque nationale dont les casiers, d'or rutillant, abritent encore ce que l'Arménie eut de meilleur au cœur et dans la pensée.

Ce Ve siècle, suivant l'expression historique consacrée, fut l'âge d'or de la littérature arménienne. J'y reviendrai pour en dire quelques mots, mais avant faisons connaissance avec l'outil dont ces hommes se servirent, la langue arménienne ainsi appelée brusquement à l'honneur de la transcription par Mesrop et Sahac.

Cet honneur était si bien mérité qu'on s'explique mal que la langue arménienne qu'on trouve à l'état de maturité, vigoureuse, riche en vocables subjectifs et objectifs, pourvue de tous ses attributs grammaticaux dès qu'elle est transcrite, au cours du Ve siècle, ait obtenu aussi tardivement cette consécration.

L'hébreu et le grec ont vécu quelque temps sans s'écrire, mais, pour comprendre que l'arménien ait compté dix siècles au moins d'existence historique sans être transcrit même en caractères étrangers, grecs, syriaques ou pehlevis, il faut peut-être chercher les raisons de cette anomalie dans la complexité de sa phonétique. Des sons à peine articulés, plutôt chantés que parlés, des notes accentuées de tonalité grave à timbre guttural, une lutte de trois ou quatre consonnes de rang, brusquement adoucies par un grassayement et un mouillage dont on trouverait un exemple en français, dans le caressant accent berrichon, voilà ce qui a pu rendre malaisé les transcriptions étrangères de l'arménien avec les alphabets réduits de l'époque.

Quoi qu'il en soit de l'explication, le fait incontestable, c'est l'inexistence de tout manuscrit en arménien, antérieur à la découverte de Mesrop. Jusques à lui, les *Hrovartacs* (rescrits royaux) étaient rédigés en grec, syriaque ou pehlevi. Les offices se célébraient en syriaque d'où s'imposait la nécessité de traduire et d'expliquer les textes à l'assistance. C'est par suite de ces embarras que le patriarche Sahac, tout heureux à la pensée d'affranchir la liturgie rituelle de l'emploi des langues étrangères, accueillit avec empressement les propositions de Mesrop qui furent également agréables au roi Vram-Schapouh, soucieux de la diffusion nationale de ses rescrits.

Les études philologiques comparées patiemment et méthodiquement conduites, au cours du dernier siècle, corrigeant les errements passés, ont définitivement classé l'arménien dans la grande branche des langues indo-européennes. Par l'analyse grammaticale, il fut même démontré que l'arménien se rattache plus à la souche occidentale, au grec et au latin qu'à la branche iranienne. La ressemblance qui existe entre l'arménien, le grec et le latin n'est pas le fait d'un simple emprunt ; elle résulte d'un fond commun et surtout des formes grammaticales qui ont dans l'arménien les mêmes signes caractéristiques que dans le sanscrit, le grec et le latin, tant dans la déclinaison des noms que dans la conjugaison des verbes. La parenté de l'arménien avec la branche occidentale de l'aryen étant désormais acquise, on peut le considérer comme l'idiome plus ou moins transformé du groupe aujourd'hui disparu des langues indo-européennes de l'Asie Mineure. (Kévork Aslan)

Si l'on veut bien se rappeler les considérations relatives aux origines du peuple arménien développées dans un chapitre précédent, on se rendra aisément compte des conditions dans lesquelles sa langue se forma.

Abstraction faite des mots pehlevis, araméens, hébreux, grecs, syriaques et latins qui, sans toucher au fond, enrichirent son vocabulaire durant son évolution, on constate que trois éléments principaux contribuèrent à créer la langue arménienne apparaissant dès le Ve siècle avant Jésus comme un idiome complet doté de sa syntaxe grammaticale.

Le rameau thraco-phrygien, parlant naturellement sa propre langue, vint en Arménie avec un lourd bagage chargé de dieux, d'armes, de vêtements, de linges de corps, d'ustensiles de ménage, de cuisine et d'un important dictionnaire pour désigner tous ces objets.

La langue phrygienne, de même souche que les idiomes thraciques, appartenait à la division européenne de la famille aryenne. Elle s'est beaucoup modifiée par son contact avec les langues asiatiques, mais au fond, elle constituait un chaînon intermédiaire entre le grec et les idiomes pamiriens. La langue que parlaient les Haï (Kheti) était précisément un pur dialecte venant des contrées voisines de Pamir, de la Bactriane, de la Sogdiane (1). Les deux contingents nationaux arméniens se comprirent presque dès leur première rencontre et ne tardèrent pas à former une nouvelle langue qu'ils parlèrent ensemble en conservant cependant une entité pélasgique assez nette pour qu'en elle Hérodote ait reconnu le phrygien. Ce cas linguistique est l'analogue de la rencontre de l'hébreu et du chananéen.

D'après ma manière d'interpréter ces faits reculés dans les temps, vu les éléments constitutifs du peuple arménien, nous devrons admettre qu'en dépit des inscriptions cunéiformes de Van muettes à ce sujet, les débris ourartiens ont dû intervenir avec leur quote-part, non fondamenta-

(1) Burnouf, *Commentaire sur le Yaçna.*

lement mais par un gros apport de vocables. J'ai cité la persistance de noms de rois de l'ancien Ourartou réfugiés dans les villes et bourgades de l'Arménie. De nombreuses familles arméniennes d'origine ourartienne, ainsi qu'en témoigne la terminaison *ouni* (fils de... dans le même sens que le *off* russe, le *ski* polonais et le *ian* de l'arménien moderne), telles les Arzérouni, Rouschtouni, Cinthouni, Amatouni, pour ne citer que les principales familles terriennes, qui ont dominé, une fois arménisées, seigneurialement et même royalement autour de Van, au pied de l'Ararat et sur les bords de l'Araxe, ne purent oublier totalement la langue ancestrale qui dut, certainement par compénétration et superfétation, s'amalgamer à la nouvelle langue en gestation.

J'espère, car ces études sont fort passionnantes, que dans les années qui suivront le triomphe allié garantissant au monde les bienfaits de la « Paix occidentale », l'ordre et la sécurité étant définitivement rétablis, en ces régions asiatiques, des savants qualifiés tenteront de lire à nouveau les inscriptions ourartiennes de Van, sans être traqués à égal degré de péril, tant par les gendarmes turcs que les brigands khurdes. Ainsi repris, dans le calme indispensable à ces sortes de travaux, le déchiffrement de ces inscriptions cunéiformes réservera d'utiles découvertes propres à élucider les questions historiques si controversées de l'Asie Antérieure.

Bien que je mette à épreuve la longanimité du lecteur sur ce sujet de la langue arménienne, je demande encore à ajouter quelques mots.

Dans un livre, le plus consciencieux et le plus documenté travail, effectué en ces dernières années, sur les origines arméniennes, les *Etudes historiques sur le peuple arménien* de Kévork Aslan, souvent citées dans ces pages, je relève en marge cette note :

« Brugge, le savant professeur de l'Université de Christiania, croyait voir des analogies entre l'arménien et l'ancienne langue étrusque. »

Loin de moi la pensée de contester la science philologique de ce professeur norvégien ou danois, mais j'ai des objections à présenter, relatives aux analogies qu'il a cru remarquer.

On ne sait absolument rien de la langue étrusque. Toutes les tentatives faites pour la classer sont restées vaines par suite de l'inexistence de documents. Les inscriptions fragmentaires des bandelettes manuscrites d'Agram n'ont pu élucider l'énigme qui dérobe encore cette langue aux recherches de la science moderne. D'après l'opinion courante linguistique l'étrusque est sans parenté avec les idiomes connus. De plus Sayce et Bréal pensent que l'étrusque n'est pas une langue indo-européenne. Cela étant acquis, on peut se demander ce qui reste des analogies notées par le professeur de Christiania.

J'ai le plaisir de compter parmi mes amis un ou deux Norvégiens et autant de

Danois, neutres bienvaillants que j'aime particulièrement à cause de leurs hautes qualités morales. Souvent assistant à une conversation échangée entre eux, je constatai que mes amis murmuraient et sussuraient plutôt qu'ils ne parlaient leur propre langue. Je suppose qu'il en devait être de même de ce Brugge, et dans ces conditions, je me demande comment il parvint à prononcer suffisamment l'arménien, assez rébarbatif dans certains de ses vocables, pour être en mesure de le comparer à d'autres langues.

Les raisons de ces analogies notées par Brugge se devinent facilement : l'étrusque et l'arménien étant également inconnus à ce professeur, il en tira sans doute la conclusion inductive que ces deux inconnues devaient se ressembler. Non, je crois fermement que l'arménien n'a pas affaire à l'étrusque. Par contre, il présente, avec les très anciennes langues de même famille que lui, une communauté de vocables, vraiment curieuse et qui mérite d'être signalée à titre historique comme contribution aux recherches se donnant pour but de déterminer les origines des vieux peuples de l'Occident.

Les Kymro-Celtes, qui partirent de la Bactriane et de la Sogdiane dans deux directions, les uns se dirigeant au sud-ouest vers l'Asie Antérieure, les autres plus nombreux, directement vers l'Occident par le nord-est, devaient très vraisemblablement avoisiner sur les bords de la Caspienne avec les ancêtres des Arméniens futurs, les Haï *(Khati, Khéti)*.

Ces Kymro-Celtes si furieusement dévastateurs au cours de ces siècles reculés, portaient néanmoins en eux cette sorte de tendance mystique et contemplative qui reste encore comme l'empreinte distinctive de la race. Ils partirent de la Caspienne avec une foule d'expressions sacramentelles qui persistent sous des formes à peine modifiées chez les Bretons de nos jours. Les ancêtres de la race voulurent choisir au ciel même la résidence de leurs dieux immortels. On s'explique bien leur choix lorsque par une nuit obscure on a contemplé le pur firmament du ciel d'Asie : là le ruban opalescent de la voie lactée apparaît comme une demeure d'éternelles délices. Les Celtes, sans se gêner autrement, l'adjugèrent comme ville à leur principal dieu Gwyon, l'appelant le *Caer* ou le *Ker* Gwyon. Dans la suite des temps cette ville de Gwyon tomba sur la terre et c'est par cette chute que la plupart des localités bretonnes et galloises de nos jours, commencent ou se terminent par le mot *Ker* (*Caer*), ayant la signification de lieu de résidence, de village, de ville. Eh bien ! on ne saurait affirmer si les Haï dont les dieux sont peu connus à cette époque les logèrent au ciel, précisément dans la voie lactée, mais il y a certitude sur ce fait qu'un vocable arménien très ancien, le mot *Kœr*, *Kær* désigne exactement, comme le *Ker* breton, les villages, les localités, les résidences.

Avant de se fixer en Armorique et en Grande-Bretagne, les Celtes furent d'infatigables, d'intrépides voyageurs. A peine avaient-ils fait connaissance avec l'Océan qu'ils désertèrent ses rivages pour se diriger au sud-ouest de l'Europe, vers la péninsule Italique. Au passage, ils dénommèrent la haute chaîne des montagnes dont ils franchirent les cols, les Alpes (*Alp*, blanc en gaëlique), quant à l'échine italienne qui court du nord au sud avec ses cimes espacées, ils l'appelèrent les Appennins (les têtes, *pen*, sommet). La manie dénominative de ces Celtes ne se bornait pas seulement aux montagnes, ils se mêlaient aussi de baptiser les fleuves. C'est ainsi que le Pô (*padus*) tire son nom du gaëlique *pades* (1), sapin. C'est ici que l'affaire devient intéressante pour nous. En arménien, le mot *pad* signifie précisément bois.

Maintenant je citerai à titre de curiosité linguistique l'exemple d'un mot existant dans les deux langues, l'arménien et le gaë-

(1) Ainsi dénommé à cause des forêts de sapins qui entouraient ses sources. (PLINE.)

lique, et qui a changé de signification en passant de l'une à l'autre tout en établissant la très proche parenté de ces deux idiomes avec le sanscrit.

En arménien le *vir (vira)* est remplacé par son autre équivalent aryen qui se transcrit *mard*, *mart* (homme). Or, en kymro-breton, en gaëlique, en breton moderne, le mot *marh*, *mark*, *marht* désigne le cheval. Une expression intermédiaire, le vocable *mardkhoc*, *markhek* (chevalier) nous donne la clef du mystère. Dans les temps pamiriens l'homme complet doté de tous ses attributs de combattant était le cavalier, l'homme à cheval, le chevalier. Les Celtes, dissociant le vocable, ont donné la préférence au cheval, possédant par ailleurs un mot *mab* pour désigner l'homme. Le breton moderne a complété le mot par *marh-tarù* désignant le cheval entier, singulier terme dans lequel se trouvent accolés le cheval et le taureau.

Parmi les nombreux vocables qui, de l'arménien ont passé en français, je signale le mot *car* (pierre) qui donne en français, carrière (pierrière) et carreau (carreau de route, pavé). Les étymologies venant du bas-latin d'ordre géométrique qui ont été données sont insoutenables. La géométrie a créé des termes techniques pour son usage personnel, mais elle n'est pas génératrice de mots populaires et prétendre que les carrières *(pierrière)* sont ainsi dénommées parce qu'on en tire des blocs carrés de pierre est inadmissible, lorsqu'on sait que le mot *car* arménien a existé dans les langues galloises (1) où il donne peut-être l'étymologie du mot *Carnac*, amas de pierres.

Voici un exemple d'un substantif arménien qui, à travers le grec et le latin, perdant son sens propre s'est francisé sous forme adjective dans son sens figuré. Il s'agit de l'euphonique vocable *adamantin* qui vient d'*atamant*, diamant en arménien lequel le tenait directement du sanscrit *atamanta,* signifiant la même chose.

(1) *Carneddu mein, congere lapides,* (Welsh Laws. T. II, p. 116) amas de rochers.

Je suis satisfait d'en finir avec toutes ces digressions linguistiques qui risquent fort de ne point convenir au goût de chacun. Un dernier mot cependant, le plus prégnant de la langue arménienne, du point de vue où je me place, et qui plaidera, j'en suis sûr, la cause de la petite Arménie auprès des lecteurs français à qui mon étude s'adresse plus particulièrement.

Les Arméniens connaissent la France sous l'appellation de Kaghïa (Gallia, la Gaule) et ils désignent les Français sous le nom de Kaghïatsi (les Gaulois).

Ces deux mots suffisent à eux-mêmes pour fournir la preuve que les relations de l'Arménie avec la France ne datent ni d'aujourd'hui ni d'hier.

* * *

Vers 1840, le monde exégétique s'agita singulièrement, à la suite d'une importante découverte que fit l'éminent Orientaliste anglais Cureton, chargé de classer les manuscrits asiatiques au Musée britannique.

De quoi s'agissait-il ? D'un manuscrit syriaque venant des couvents de Nitrie et contenant un recueil de trois lettres de saint Ignace. On crut tenir les lettres authentiques du saint évêque d'Antioche qui vécut dans la seconde moitié du Ier siècle. L'émoi des exégètes s'explique par cette considération que les recueils grecs et latins des épîtres ignatiennes, colligés en deux paquets renfermant les uns treize lettres, les autres sept passaient pour contestables et interpolées.

Pendant un court espace de temps avec la découverte du manuscrit syriaque, la question parut jugée en faveur de l'authenticité des trois épîtres, reproduisant les principales phrases attribuées à l'évêque martyr d'Antioche. Mais les exégètes sont tenaces et batailleurs ; ils se divisèrent bientôt en deux camps et travaillèrent d'arrache-pied, les uns se proposant de démontrer l'apocryphisme, les autres tenant pour l'authenticité. Les premiers l'emportèrent grâce à la *traduction arménienne* des épîtres ignatiennes, effectuées sur la collection entière du syriaque, les treize lettres, les apocryphes et les authentiques, et ainsi fut démontré que le manuscrit Cureton de trois lettres au lieu d'être le contenant des épîtres primitives personnelles de saint Ignace, était tout simplement l'œuvre d'un abréviateur.

Je ne puis fournir de preuve plus éclatante de la bonne foi et de la qualité du travail consciencieux que firent ces traducteurs arméniens du Ve siècle. Par un sentiment pieux, ne voulant pas figurer de nom dans un travail entrepris pour la gloire divine, ils décidèrent de garder l'anonymat, mais leur œuvre parle d'elle-même et s'impose aux hommes d'étude qui en manière de gratitude parvinrent à force de recherches à dévoiler l'*incognito* des principaux d'entre eux. Je les nomme, regrettant de laisser dans l'oubli bien des noms qui, à quinze siècles d'intervalle, eussent mérité un rappel. Les plus connus de ces traducteurs sont : Eznic, Corune, Léonce, Joseph de

Baghmé, Johann d'Akylisène, Joseph de Vaïk, Himiac Mamiconien, parmi les jeunes Memprée, Elisée, Lazare de Pharbi et Moïse, un homonyme de Moïse de Khorène.

Tous ces disciples de Sahac, unis à beaucoup d'autres sans doute, aussitôt en possession des caractères de Mesrop s'attelèrent à une besogne gigantesque, travaillant de jour et de nuit, la plume à la main, traduisant dans l'espace d'un demi-siècle, de quoi garnir une vaste bibliothèque. Leur œuvre est vraiment prodigieuse : tous les livres saints, la Bible, les évangiles dont le saint Mathieu traduit peut-être directement sur le texte hébreu, les épîtres de Paul, de Pierre, de Jean, de Jacques, l'Apocalypse, les lettres de Polycarpe, d'Ignace, comme nous venons de le constater, les Homélies de Chrysostome, l'Hexaméron de saint Basile, les catéchèses de Cyrille, l'histoire ecclésiastique du savant évêque Eusèbe de Césarée, son Histoire générale dont la traduction arménienne seule s'est conservée. Des fragments de Bérose, de Sanchonation, Flavius Josèphe en entier, Hérodote, Xénophon, Polybe, Strabon, Plutarque, les tragiques grecs, les latins Lucrèce, Tite-Live, Virgile, Horace et une infinité d'autres, quelques-uns choisis sans grande sélection, peut-être parce qu'on les considérait d'origine arménienne, tels Bardesane, Artapan, Polyhistor. Je ne puis ni ne veux les énumérer tous. Et si j'ai arrêté cette liste à Polyhistor, qui fut suivi par beaucoup d'autres, c'est que je me propose de relater quelque chose de particulier à son sujet n'ayant vraisemblablement cours qu'en Arménie.

En effet, une singulière superstition s'attache à l'œuvre de ce Polyhistor chez les Arméniens. Ils affirment que tout lecteur capable de réciter par cœur le livre de Polyhistor du dernier mot au premier, en sens inverse du texte, en prononçant le *premier mot* qui dans l'espèce serait le dernier, se transformerait instantanément en *frégate*. Cette étrange croyance doit être assez répandue ; je me souviens d'avoir connu dans mon enfance des gens fort avancés en âge se livrer sérieusement à cet exercice. Je n'oserai pas en recommander l'apprentissage dans nos écoles d'aviation, car, de mémoire d'homme, nul n'est parvenu à réaliser ce tour de force, même à l'aide d'artifices mnémotechniques. Mais bien des fois j'y ai songé en relisant la musicale phrase : « Que ne me prends-tu sur ton aile, roi de l'air, sans peur, sans fatigue, maître de l'espace, dont le vol si rapide supprime le temps » ?

Les avions découverts soixante-dix ans plus tôt, Michelet n'eût probablement pas écrit cette phrase ! Je ne suis point fâché qu'on ait un peu tardé à effectuer l'invention de ces oiseaux mécaniques. Nous possédons une délicieuse phrase de plus et les avions n'ont rien perdu pour attendre, étant donné les immenses services qu'ils nous rendent présentement.

Je reviens à mes Arméniens. On s'imagine bien que la nuée de traducteurs ne put exister sans être accompagnée et suivie d'une pléïade d'auteurs originaux. En effet, l'Arménie du Ve au VIIe siècle, le long desquels s'étend ce qu'on appelle l'âge d'or de sa littérature, produisit un nombre respectable d'écrivains religieux apologétistes, des historiens, des chroniqueurs, des philosophes, des poètes.

J'eus l'occasion de mentionner déjà Acathanghélos (porteur de la bonne nouvelle) que les arménisants considèrent plutôt comme le titre de l'ouvrage que le nom de l'auteur. Cette histoire de la conversion merveilleuse de l'Arménie serait l'œuvre des traducteurs, vraisemblablement d'un des plus notables d'entre eux, le célèbre Corune, disciple de Sahac et de Mesrop. A côté de Corune, on peut citer Fauste de Byzance et Lazare de Pharbi. Parmi les grands auteurs auxquels l'érudition classique réserve une place d'honneur, dans tous les pays, se détachent Elisée, Eznic, Moïse de Khorène.

Je n'ai pas sous les yeux l'élégante traduction française de V. Langlois, mais l'ayant lue jadis, je sais que dans une prose rythmée il reproduit merveilleusement la cadence du texte arménien de la « Guerre de Vardane », d'Elisée.

Cette « Guerre de Vardane », c'est somme toute la grande épopée nationale au cours des luttes sanglantes que l'Arménie chrétienne soutint contre le mazdéisme.

La bataille d'Avaraïr (454) où après d'héroïques exploits le Mamiconien Vardane, chef des chrétiens arméniens, tomba à la tête de ses compagnons d'arme, eut pour champ la plaine d'Artaze. Un temple d'*Ahura-Mâzda* avec sa flamme droite, insolemment inextinguible, s'élevait au milieu de cette plaine. Vardane, avant d'engager l'action, la main posée sur la croix du patriarche Josèphe se tenant au pied d'un monticule en plein champ de bataille, avait fait le serment d'éteindre le feu sacré. Aux heures crépusculaires alors qu'accablés sous le nombre, les arméno-chrétiens commencèrent à rompre, Vardane se souvenant de son serment, quoique blessé de toutes parts, s'élança, suivi d'un groupe de fidèles vers les épaisses lignes perses ; il les franchit abattant les ennemis de face et de côtés et parvint à quelques pas du temple. Là s'engagea un terrible corps à corps, à coups de masse, d'épée, de lance, le sang ruisselant sur l'herbe rase sans qu'aucun des guerriers chrétiens reculât ; tous y tombèrent les uns après les autres entassés dans un étroit espace, unis dans la mort comme dans la vie, Vardane au milieu de ses amis aimés, les Camsaracans, les Cinthouni, les Dadoul de Vanant.

Une très belle fiction poétique représente, aux premières ténèbres de la nuit, Vardane Mamiconien ses blessures fermées par des croix constellant son corps haché. On le voit se dresser debout au milieu des morts. Puis comme Enée aux Enfers, l'épée haute à la main, écartant les vaines ombres et les Perses terrifiés, le héros s'avance vers le temple. Au pied du feu sacré, la blessure mortelle que Vardane porte au cœur s'ouvre. Et d'un puissant jet de son sang vermeil, le soldat du Christ éteint le feu d'Ahura-Mâzda.

Deux cents ans après cette bataille d'Avaraïr qui fut une défaite, mais sauva le christianisme arménien, le mazdéisme cessa d'exister comme religion. Quelques milliers de *guèbres* en Perse, aux Indes quelques milliers de *Parsis* restent de nos jours, les seuls adorateurs attardés du feu sacré. Le christianisme est la loi religieuse de quelques centaines de millions d'hommes. C'est ainsi que les temps révolus se sont chargés d'expliquer le clair symbole de l'image poétique du héros chrétien Vardane Mamiconien. L'Eglise arménienne sanctifia ce jour de la bataille d'Avaraïr où tant de braves tombèrent pour la défense de la Foi, et les Arméniens, chez qui les traditions nationales sont fortement enracinées, avec des pétales de roses éparpillés tout le long des routes menant aux porches de leurs églises, la célèbrent tous les ans ans depuis 467.

Ce mazdéisme tant abhorré des Arméniens mais qui méritait pourtant les honneurs de l'histoire religieuse, car il tint une grande place dans les croyances de l'humanité, un des auteurs arméniens du Ve siècle, l'érudit Eznic contribua, dans la plus large mesure, à le faire connaître dans ses dogmes, ses rites, ses mages, leur forte organisation sacerdotale, en écrivant son étonnant livre *La réfutation des hérésies* (traductions françaises complètes de Levaillant Florida et V. Langlois). Par sa polyglotie, il savait le persan, le pohlevi, le pali, l'hébreu, le syriaque, le grec, le latin, sa pleine possession de toutes les connaissances philosophiques du temps Eznic peut compter parmi les hommes les plus remarquables ayant honoré les études. En son livre, il donne *in extenso* le code zoroastrien en reproduisant le manifeste religieux, subtil exposé de la foi mazdéenne, rédigé par les mages et Mihr-Narseh, adroits psychologues exaltant la pureté du culte d'Ahura-Mâzda, conviant insinueusement le monde entier à l'adopter. Anquetil-Duperron, Burnouf Eugène, Lenormand François citent Eznic ; Renan professe pour lui la plus grande estime. Au point de vue religieux, cet auteur arménien de Coghp, élève préféré de Sahac, fut le saint Irénée de l'Orient.

Un proverbe chinois prétend qu'un grand homme ressemble à une tour, plus il est illustre, plus haute s'élève la tour, mais plus aussi s'en allonge l'ombre où se tiennent ses ennemis en rangs serrés. Le grand historien Moïse de Khorène devra compter parmi les plus illustres, si on en juge par le nombre de ceux qui attaquèrent son œuvre. Il est indéniable que son *Histoire générale de l'Arménie* (1) contient des inexactitudes, de-ci de-là des faits invraisemblables, anachroniques, mais les erreurs de Moïse de Khorène sont fécondes car c'est en recherchant à les redresser que les hommes d'études parvinrent à reconstituer l'histoire véridique de l'Arménie.

(1) Ch. Carrière, *Études sur M. de Khorène*.

Je n'ai point ni le temps, ni je ne dispose de l'espace nécessaire afin d'entreprendre une réhabilitation démonstrative, mais je ne redoute pas de produire ma conclusion : je considère Moïse de Khorène comme un historien de première valeur. Ses partisans, à une époque où la critique n'avait pas encore sévi, le comparèrent à Hérodote. Plus justement, on peut, je crois, appeler Khorène le Tite-Live de l'Arménie.

On peut prétendre que Moïse de Khorène est un écrivain d'imagination, sans documentation sérieuse, produisant des légendes, commettant des erreurs de date, des confusions de personnages, manquant de sens critique, peu me chaut, cet historien arménien, dans son domaine est une *autorité* qui se trompa parfois. S'il existe une *autorité* sur terre qui n'ait jamais commis de gaffe, eh bien, qu'elle lui jette la première pierre. En attendant, rappelons-nous que Voltaire, qui disposa toujours d'un sens aigu pour apprécier les choses à fond, affirme que l'Ancienne Histoire ne présente chez toutes les nations de la terre que des doutes et conjectures. Je sais infiniment gré à Moïse de Khorène de nous avoir fait part de ses conjectures, lesquelles nous aident à comprendre une foule de faits inexplicables à un premier examen.

En ce qui concerne sa documentation qu'on représente insuffisante et fantaisiste dans la personne de son Catina mar Abas, j'ai un argument à produire. *Le Cyaxare* des classiques grecs se trouve transcrit dans les inscriptions de Darius sous la forme de *Houvak-Schatra,* or Moïse de Khorène, seul de tous les historiens de son temps, le reproduit dans son texte sous la forme à peine différente de *Houvak-Schatis*. N'est-ce pas une preuve que cet historien, si durement critiqué sur sa documentation, savait à l'occasion examiner de ses yeux les monuments historiques gravés sur les pierres, portant à la connaissance de la postérité les toutes premières actions des hommes avec un maximum de véracité.

Ce qui me séduit surtout en Moïse de

Khorène, c'est son amour pour l'orthographie et l'étymologie des noms propres. Malheureusement sur cet article aussi, de Khorène se trompa souvent. Renan qui le cite pourtant fréquemment en note et dans le texte de ses *Evangiles*, lui reproche sévèrement un manque absolu de sens critique pour avoir confondu un Bardesane, celui d'Edesse, chrétien amateur, cher au cœur de Renan, avec un homonyme de Babylone, un Bardesane historien ou géographe ou ingénieur de son métier,

L'étymologie des noms propres et prénoms ne fut pas non plus sans attirer des tracasseries à Moïse. Ainsi les Bagratides qu'il faisait venir de la Judée, sous le prétexte que le *prénom usuel* de ces princes et rois qui se transcrit *Sembat* devait signifier *Sabbat*, fort mécontents d'une pareille filiation, en gens pratiques chargèrent d'adroits héraldistes de démontrer que *Sembat* possède la racine aryenne *Sim* (argent). Sémite ou aryen, l'incontestable c'est que les rois Bagratides avaient adpoté comme prénom familial celui de *Sembat.*

Au courant depuis longtemps de toutes ces minuties étymologiques dont l'intérêt apparaît au moment où l'on s'y attend le moins, jugez de ma perplexité lorsque me tomba entre les mains, il y a quelques années, un livre portant le titre *Faites un roi...* signé *Sembat.* Sachant que ce nom n'est point commun en France, je me demandai avec quelque émoi : ne serait-ce pas là un descendant des rois Bagratides qui se proposerait lui-même au choix national sous cette appellation patronymiquée de Sembat. Je fus vite rassuré. Le Sembat de France ne devint pas roi, mais il fut ministre pour sa grande confusion, car il s'empêtra dans une malheureuse question de prix de charbon de terre indigne du style et de l'esprit de l'auteur de *Faites un roi.*

*
* *

Ce magnifique épanouissement littéraire arménien du Ve siècle, dont je viens de donner une idée partielle, fut suivi d'un certain ralentissement dans les années qui s'écoulèrent du VIIe au IXe siècle, alors que l'Arménie, accablée sous la tourmente des invasions, perdit son indépendance, mais avec le retour à un régime national, sous les Bagratides et les Arzérouni, il se produisit une seconde floraison.

La littérature de cette époque se ressent des influences arabes et byzantines. Si avec les Arabes pénètrent en Arménie l'abus des métaphores, la prolixité fatigante du récit, par contre un souffle de rationalisme intellectuel, des germes d'esprit critique s'implantèrent en Arménie, guidée dans ce mouvement par les tendances philosophiques arabes précédant en Orient Averrhoès. De même aux sources byzantines, les auteurs arméniens puisèrent, à côté de la rhétorique d'école, la recherche des formes, la préciosité, la suavité qui se révèlent surtout dans la richesse et la variété de la littérature religieuse, les homélies, les hymnes, les psaumes.

Parmi les plus connus des écrivains des temps bagratiens, on doit mentionner comme historiens le diacre Léonce, Thomas Arzérouni, Etienne de Tarone, portant le surnom d'Açoghik-Asolnic qui paraît vouloir signifier musicien-compositeur. Le plus illustre de ces auteurs, Grégoire de Narec, surnommé le Pindare d'Arménie, occupe une place à part dans la littérature arménienne. Ses odes sacrées qui chantent les grandes fêtes de l'Eglise : la Nativité, l'Epiphanie, la Résurrection et la Transfiguration du Christ, d'un brillant lyrisme, expriment les plus nobles sentiments d'une haute et divine morale. La langue de Narec marquée d'une forte empreinte personnelle, avec ses périodes rythmées, se prêtant à la récitation à l'égal d'un poème, ravit tant les érudits que les gens du peuple. Il n'est pas rare de trouver parmi les hommes du peuple, des Arméniens capables de déclamer et de chanter de bout en bout Narec sans devenir oiseau pour ça, pour la bonne raison que la superstition de la lecture polyhistorienne à l'envers n'a rien à faire avec Narec.

*
* *

Après la chute des Bagratides et de Arzérouni, période d'éclipse de la littérature arménienne dont le caractère est de suivre à la trace, si j'ose dire, l'indépendance nationale. En effet, en Cilicie, avec une dynastie nouvelle au cours des Croisades, nous retrouverons la littérature arménienne, dans un dialecte à peine modifié, enrichi de termes français introduits par les Croisés, assez vivante et prospère pour produire des auteurs de tout genre.

Avant de les mentionner succinctement, arrêtons-nous un moment par les routes qui conduisent en Cilicie, dans les anciens cantons éreziens, à Ezenga (Erzenghian-Arzenghian) qui donna naissance à une lignée d'hommes remarquables, frères ou cousins, portant le nom générique d'*Ezengatsi.* Il semblerait qu'un foyer scientifique datant peut-être des temps mytho-paganiques se soit constitué là aux environs d'Erez. Car, parmi ces hommes de lettres, pour la plupart théologiens, je tiens à signaler tout particulièrement Jean Ézengatsi, surnommé *Blouz* (l'azuré) à cause de ses connaissances astronomiques. Son traité des mouvements des corps célestes fut traduit en français en 1792. N'est-ce pas ici l'occasion de noter que jamais le travail scientifico-littéraire ne s'arrêta en France où, à la veille peut-être des événements de septembre 1792, se trouva un homme assez préoccupé de la marche des planètes et des étoiles pour traduire un livre arménien traitant des mouvements célestes. On sera sans doute moins étonné lorsque j'aurai dit que ce traité de Blouz fut traduit sur la demande de Laplace lui-même.

A côté de Blouz-l'Azuré, mentionnons son homonyme Ezengatsi (Georges) qui, lui, s'amusa à commenter l'Apocalypse. Il n'eut pas si grand tort car il s'en inspira peut-être, ainsi que l'histoire le raconte pour fléchir Tamerlan lui-même, lequel, sur l'adjuration de Georges, épargna de la destruction la ville d'Ezenga.

Soyons complet, il en reste un troisième. Il ne serait point satisfait de rester dans l'oubli, d'autant plus qu'il s'agit d'un notable théologien, Ezengatsi l'Arevelktsi (l'Oriental) qui s'est préoccupé d'établir la « Vérité des mystères ».

Je viens de produire, il me semble, un nombre respectable et une assez grande variété d'auteurs originaux arméniens, depuis Eliséejusqu'à l'Ezengatsi (Cyriaque) (1).

En Cilicie, les auteurs arméniens sont aussi originaux lorsqu'ils retracent les Croi-

(1) On remarquera qu'en ces pages je me tiens dans les cadres de la littérature ancienne. Avec des hauts et des bas jamais le mouvement littéraire ne s'est arrêté chez les Arméniens. Les auteurs modernes, héritiers des grands hommes du Ve siècle, par le nombre, le talent, l'infinie variété des genres et des sujets traités, honorent leurs ancêtres. J'espère qu'au cours d'une prochaine étude, il me sera donné de parler longuement de leurs travaux, dont beaucoup d'érudition, qui illustrent la nation arménienne, la classant en bonne posture parmi les peuples qu'agitent le vif combat des idées et la poursuite d'un haut idéal.

sades, la part active qu'y prirent leurs compatriotes et le goût dont ceux-ci s'éprirent pour la langue, les constitutions féodales et chevaleresques des Francs (Mikael Varandian) (1).

Je dois me contenter d'énumérer quelques-uns de ces auteurs, Nersès Schnorali (le Gracieux) dont le poème sur la prise d'Edesse par les musulmans, Grégoire Dgha, auteur du sac de Jérusalem, furent connus et appréciés de Torquado Tasso.

Je signale aux érudits la lecture des *Assises d'Antioche* du connétable Sembat, en dialecte cilicien, traduit en français et donnant une foule de renseignements sur les lois et coutumes féodales tant de la Terre Sainte que de France. Le manuscrit, datant de 1350 environ, du connétable Sembat, a une histoire bien particulière que je raconterai peut-être un jour. J'ai tenu jadis, dans mes mains infantiles, ce manuscrit dont j'admirai fort les belles enlumi-

(1) *L'Arménie, La question arménienne*, Paris,

nures encadrant magnifiquement, dans une apothéose de couleurs, un portrait de Léon V de Lusignan, dessiné en première page sur un parchemin souple et fin.

C'est une constatation qui intéressera les bibliophiles, la pauvre Arménie fut riche en manuscrits. Je ne sais si le délicat parchemin sur lequel ces manuscrits sont transcrits pour la plupart était fabriqué dans le pays ou venait du dehors à l'aide de l'entreprenant et prospère commerce arménien, mais la certitude en ce qui concerne son abondance et sa qualité n'est pas douteuse. Ce qui le prouve, c'est la rareté des palimpsestes arméniens.

Qu'est devenu au cours de cette guerre le trésor manuscrit de l'Arménie ? Les Turcs ne sont point des amateurs résolus de ces sortes d'objets et ils ont pu passer à côté, mais leurs maîtres et alliés, *Kulturés sur tranches,* plus connaisseurs en ces matières, ont dû tout rafler.

Heureusement il doit en rester quelques-uns à Etchmiadzine, actuellement en sûreté d'autres également précieux au couvent de San-Lazzaro des Mékhitaristes de Venise où se sont réfugiées, depuis les secondes moitiés des temps modernes, les études et la littérature classiques arméniennes. La lignée des traducteurs et des auteurs du Ve siècle survit en ces moines studieux et travailleurs qui sans cesse durant des siècles, patiemment, méthodiquement, produisent, commentent, traduisent en arménien et de l'arménien en toutes langues *tout livre* méritant cet honneur. Que la nation arménienne bénisse l'inlassable labeur de ces religieux érudits représentant de nos jours, à la face du monde, les grands abatteurs de besogne littéraire que furent les Bénédictins.

Le fondateur du couvent de San-Lazzaro de Venise, le moine *Manoug*, portant en lui l'audace conquérante de saint Colomban, partit du séminaire d'Etchmiadzine. C'est là, à toucher Valarsapat où reposent les saintes vierges martyres d'Arménie, Hribsimé et Gaïané que réside le *Catho-*

licos, de l'Eglise et de la nation arménienne chef suprême, sous les auspices duquel un foyer de forte instruction et de haute éducation morale n'a cessé de briller depuis les temps les plus anciens. Là, à Etchmiadzine, c'est par centaine que vous verriez des moines arméniens, l'âme à jamais détachée de tout besoin séculier, les uns écrire, d'autres transcrire, d'autres courir empressés à la grande imprimerie nationale du couvent, livrer à leurs frères protes et linotypeurs, les fruits d'un prodigieux travail monacal et patriotique.

L'ARMÉNIE DANS SES ECOLES

Si nonchalante qu'ait été l'attention du lecteur au cours des pages précédentes, retraçant l'histoire de la langue et de la littérature arméniennes, il doit, du moins, avoir acquis la conviction qu'en ce pays d'Arménie les religieux séculiers et réguliers ont été seuls à s'occuper des lettres et des sciences. Eh bien ! cette conviction serait hâtive, par cela-même un peu téméraire.

Depuis la perte de son indépendance, l'Arménie endura d'inimaginables tourments, tout le long de sa vie de misère, mais par compensation divine, peut-être, ou par un phénomène qui tient du prodige — car j'en crois l'exemple rare — en ce pays de foi ardente, la pratique religieuse n'aboutit jamais à créer ce qu'on est convenu de désigner sous l'expression d'*esprit clérical*. Sur le terrain primordial de l'enseignement, de l'instruction publique à tous les degrés, primaire, secondaire, supérieure, moines et laïques dirigés par des conseils mixtes, judicieusement dosés, marchèrent toujours d'accord, *sans friction*, pour employer ce néologisme que par une antipathie inexpliquée du frottement la diplomatie et la politique crurent devoir, en ces dernières années, adopter afin de varier leur vocabulaire sans modifier le fond des choses.

« Je veux que la plus belle bâtisse du « village, que le plus beau monument « soit l'école. Je veux qu'on la reconnaisse « de loin. Je veux qu'elle frappe les yeux « à l'égal du clocher de l'église. »

Ce beau souhait de Paul Bert, la petite Arménie, sans autres ressources budgétaires que des dons volontaires, des souscriptions, des collectes, l'avait réalisé presque en Arméno-Turquie. Les voyageurs occidentaux parcourant l'Asie Mineure dans le dernier quart du XIXe siècle le signalent tous à l'entrée des communes, des chefs-lieux de district, dans toute agglomération comprenant un groupement arménien. *Les Sociétés Unies Arméniennes,* par d'inlassables efforts, assuraient le recrutement du personnel enseignant instituteurs et institutrices dans des écoles centrales, sortes d'écoles normales de l'enseignement primaire, dont la plus importante à Galata, où professa *Pierre Quillard,* cet homme de lettres français à qui les Arméniens conservent une reconnaissance infinie, malgré que son œuvre soit entièrement détruite par l'abominable persécution qui dévasta les malheureux villages arméniens. Les instituteurs et les institutrices des belles écoles arméniennes *délibérément désignés aux coups* furent les premières victimes des massacreurs.

L'étonnant, ainsi que je l'ai écrit plus haut, c'est que l'idée d'opposition, disons de compétition qui se trouve dans les souhaits de Paul Bert entre Eglise et Etablissements laïques n'exista jamais en Arménie, fortunée au moins à cet égard. Les archives des *Sociétés Unies Arméniennes*, fort bien tenues dans la période où les écoles laïques ont été inaugurées en grand nombre en Asie, signalent l'accueil empressé que firent aux instituteurs et institutrices les prêtres-recteurs de toutes les paroisses.

*
* *

En vue d'établir l'harmonie signalée ci-dessus dans les questions relalives à l'instruction publique, je demande à raconter l'histoire de la fondation d'un établissement d'enseignement secondaire laïque arménien où les deux éléments religieux et laïques coopérèrent sans nul autre souci que la recherche du succès de l'entreprise. Je le puis d'autant mieux que la chose se déroula presque de nos jours et que, par surcroît, je la connus de très près.

Dans les premiers mois de l'année 1866, un religieux portant le nom de Chanazar

(Vartabet), professeur de sciences au séminaire d'Etchmiadzine, conçut dans sa cellule le projet d'établir une vaste école d'enseignement secondaire (sur le modèle de nos lycées et collèges) à Constantinople où l'adolescence et la jeunesse arméniennes en étaient privées.

L'avant-projet monacal était complet dans ses plus intimes détails. Exposé au *Catholicos*, il obtint son adhésion ; Chanazar fut autorisé, et lesté comme *viatique* du montant de ses frais de voyage, il partit pour Constantinople. Nul doute n'assiégeait son esprit, quant à la réussite de son affaire. Deux siècles avant lui, *Manoug* surnommé plus tard le mékhitariste (le consolateur), n'était-il pas parti de ce même couvent d'Etchmiadzine, aussi pauvre que lui et n'avait-il pas fondé le magnifique établissement de San-Lazzaro de Venise ! Son ambition, à lui, était plus modeste : il s'agissait d'une simple école, de quoi loger quelques centaines d'enfants de la riche communauté arménienne de Constantinople, afin de les instruire.

Arrivé à Constantinople, sans perte de temps, Chanazar commença ses démarches. A cette époque, dans la capitale de l'Empire Ottoman, les Arméniens riches n'étaient point rares ; mais leurs concours furent d'encouragements, de regrets surtout. Chez tous, Chanazar entendit la même chanson : quel dommage que vous ne soyez pas venu en janvier. Nubar-Pacha était ici, il vous eût tiré d'affaires en vous fournissant les capitaux dont vous avez besoin pour votre école.

Ces richards arméno-constantinopolitains disaient vrai. Nubar d'Egypte, investi de la totale confiance d'Ismaïl, délégué par lui comme plénipotentiaire extraordinaire, était venu à Stamboul en janvier 1866 mener à bonne fin de délicates négociations qui aboutirent dans l'année même à la sanction du *Khédivat* par le sultan Abdul-Azis, avec la clause inespérée de la succession khédivale transmissible par droit de progéniture, de père en fils, opposée à la loi musulmane, mais d'accord avec la loi successorale souveraine occidentale que Nubar avait suggérée à Ismaïl d'adopter pensant ainsi acheminer l'Egypte dans les voies européennes.

Fixé sur les ressources arméniennes de la capitale ottomane, Chanazar, sans plus attendre, s'embarqua pour l'Egypte. Dès le premier jour de son arrivée au Caire, il se présenta chez Nubar-Pacha et sans faire passer sa carte de visite, car ce moine n'en était pas pourvu, il se fit annoncer à une heure très matinale, comme un *Vartabet* (évêque) chargé d'une mission du *Catholicos* d'Etchmiadzine. Il fut reçu immédiatement.

Nubar, sans mot dire, écouta l'exposé du projet, précis dans son ensemble, un peu bredouillé seulement lorsque Chanazar dut aborder le montant de la somme, fonds de premier établissement et de roulement qu'il lui fallait ; il l'avait fixée à 8.000 livres turques et il jugeait le total d'importance.

Quand le Vartabet cessa de parler, il vit

Nubar se lever. De son pas décidé, le ministre d'Ismaïl marcha quelques instants dans son cabinet, puis du tiroir d'un bureau secrétaire, il tira un carnet. Une ou deux lignes vite griffonnées, Nubar remit une feuille détachée à Chanazar. C'était une traite — les chèques n'existaient pas encore à cette époque en Orient — de 10.000 livres tirée sur un banquier arménien de Constantinople. Le prévoyant ministre avait arrondi la somme, pensant que cet homme d'Église, à coup sûr mauvais financier et médiocre économe, n'aurait pas de trop de ce supplément pour réaliser son projet. Quelle fut sa surprise, lorsque, après de brefs remerciments, Chanazar déclara que tout était parfait et qu'il partirait le soir même pour Paris.

— Comment, vous me demandez des capitaux pour fonder une école arménienne à Constantinople et vous partez pour Paris?

— Oui, dès ce soir, je pars pour Alexandrie, d'où par voie de Marseille, je me rendrai à Paris.

— Mais, quelle extravagance est-ce là ? Expliquez-moi donc, Vartabet, le pourquoi de ce voyage à Paris.

— Je ne pourrais ouvrir mon école qu'avec l'autorisation du Gouvernement turc. Je ne puis obtenir cette autorisation que si l'Empereur des Français engage le Sultan à me l'accorder. J'irai donc à Paris solliciter Napoléon.

Devant cette réponse, l'homme d'Etat comprit qu'en ce moine d'apparence simpliste, parti de son couvent d'Etchmiadzine, il y avait l'étoffe d'un homme politique.

C'est un samedi soir, au commencement d'avril 1866 que le Vartabet arménien arriva à Paris ; il se logea dans un petit hôtel de la rue de Saint-Honoré, à proximité des Tuileries.

Pas une minute, Chanazar ne songea à demander et à obtenir une audience impériale ; ce moine ne connaissait qu'une seule étiquette afin d'aborder les souverains, c'était celle que Saint-Germain mit en usage pour s'aboucher avec Eokarik. Le Vartabet arménien recueillit donc quelques renseignements chez le patron de son hôtel, qui, rassuré par la bonne mine honnête de cet homme venu de si loin, les donna assez circonstanciés, sans prévenir la police, jugeant bien que ce client du Caucase n'était point un propagandiste par le fait. Chanazar apprit ainsi que tous les dimanches, vers 9 heures, dans cette saison l'empereur sortait des Tuileries à cheval, précédé en vedette par Fleury à cinquante mètres et suivi du magnifique escadron des cent-gardes. On dit au Vartabet, le meilleur endroit pour voir l'Empereur, c'est le Rond-Point des Champs-Elysées.

Le lendemain dimanche, exact au rendez-vous, Chanazar se posta au débouché de l'avenue d'Antin. Lorsque l'impérial défilé montant l'avenue des Champs-Elysées, arriva à la hauteur du Rond-Point, l'empereur se détachant seul au milieu du cortège, d'un élan Chanazar bondit et les spectateurs stupéfiés de cette scène virent un homme de grande taille, à longue barbe soyeuse, vêtu d'une soutane lévitique noire, portant sur la poitrine la croix double d'Arménie foncer droit sur l'empereur. De sa main droite, l'homme noir saisit la bride du cheval et l'arrêta net. L'émoi fut indescriptible, tous se précipitèrent. Fleury par une tête à queue de son pur-sang franchit les cinquante mètres dans un galop effréné. En moins d'une minute, les cent-gardes, l'épée au clair se groupèrent autour de l'audacieux, l'encerclèrent dans une infrânchissable barrière de hautes statues.

Mais, Napoléon III, d'un coup d'œil vit que la pâleur de cire de l'homme tout de noir vêtu, n'était pas celle d'un bombiste. Seule une idée morale très haute avait pu, menant cet homme, tarir ainsi sur sa face jusqu'à la dernière goutte de son sang. La main gauche de Chanazar agitait fébrilement dans les airs un rouleau de papier. D'un geste altier et noble, avançant résolument la main, l'empereur saisit le placet du moine d'Arménie. Alors seulement Chanazar lâcha la bride du cheval impérial.

Lundi, dans la matinée, un coupé des remises des Tuileries vint chercher Chanazar à son modeste hôtel. Il fut conduit au quai d'Orsay où il apprit par la bouche même de Drouyn de Lhuys que l'empereur Napoléon III ayant pris en considération sa requête, des instructions précises furent adressées à Bourée. Le Vartabet, à son arrivée à Constantinople, trouverait l'autorisation nécessaire à l'ouverture de son école. Tout se passa comme le Ministre français le promit à Chanazar. Sur la demande de Bourée, ambassadeur de France le sultan Adbul-Aziz accorda gracieusement l'autorisation sollicitée. Aziz était un bon souverain, courageux, généreux, pas le moins du monde fou, infiniment différent de ses successeurs Mourad et Abdul-Hamid. De son propre mouvement, le sultan décida que [illegible] jeunes Arméniens venant des villes d'Asie entreraient comme élèves à cette future école ; il leur assura une bourse sur sa cassette privée et accorda de plus un important *tahine* (ration) de pain à l'École arménienne.

Et c'est ainsi que s'érigea tout au fond de la Corne d'Or à Halidji-Keuï, sous les auspices de la France, le grand collège arménien, Chanazar-Nubar. Par une délicatesse de Mécène, Nubar exigea que son nom fût gravé après celui de Chanazar au frontispice de l'École. Le moine d'abord, dit-il, moi je ne suis qu'un bailleur de fonds dans cette affaire.

Le lecteur indifférent qui ne fut pas comme moi élève à ce collège toute une année scolaire (1869-1870) lira tout ceci sans s'y intéresser autrement, mais la partie n'est point égale entre nous. C'est la plume tremblante d'émotion qu'à quarante-sept ans d'intervalle j'évoque ces souvenirs. Ensevelis depuis tant d'années au fond de l'être, à mon appel, ils ressuscitent, se réveillent, se heurtent les uns les autres. Jamais je n'eusse pensé qu'un jour viendrait où j'écrirais l'histoire de la petite Arménie martyre, m'efforçant de présenter à ma grande France aimée, mon malheureux pays d'origine. Il fallut ces bouleversements, il fallut ce règne d'iniquités et de calamités déchaînées et aussi le plus étrange des hasards si souvent de ce monde en toutes choses. A quelques pas de moi, en pleine Bretagne, sur la route de Caudan se trouve, en ces mois d'été 1917, le propre fils de Nubar. Il ignore totalement ce que je viens d'écrire sur son père comme il ignore ce que je dirai de lui-même. S'il le lisait, il voudrait sans doute biffer, censurer, mais je n'y consentirais pas.

Un sort meilleur se précise pour l'Arménie. Il se précise grâce à la vertu patriotique, grâce aux qualités, grâce à la constante ardeur, sans cesse alertées, jamais mises en défaut du Président de la Délégation Arménienne Boghos Nubar Pacha, représentant du *Catholicos d'Arménie* auprès de toutes les puissances alliées.

*
* *

Nous en sommes restés sous le frontispice de cette Ecole arménienne de la Corne d'Or, portant en enseigne bilingue, à gros caractères reliéfés, arméniens-français, les noms de ses fondateurs Chanazar-Nubar. Entrons dans la maison.

Je ne sais au juste en quelle année eut lieu l'inauguration. La construction des nouvelles bâtisses, les aménagements scolaires d'un vaste établissement de ce genre durent exiger un certain temps. A la rentrée en septembre 1869, j'y trouvai de 500 à 550 internes environ, de tout âge, partagés dans un grand nombre de classes, suivant régulièrement un programme d'études secondaires équivalentes, à peu de chose près, à celles de nos lycées.

Comment cela put-il se faire, me demanderez-vous ? Uniquement grâce à ce fait que, dans ce collège arménien, l'enseignement s'y effectuait d'après un programme français, sous la direction de professeurs français. Choisis par qui ? Par le grand ministre de l'Instruction Publique du second Empire, l'illustre historien Duruy.

Napoléon III avait parlé à son ministre

de sa singulière rencontre avec le Vartabet arménien. Duruy dont le regard embrassait le monde lorsqu'il s'agissait d'y diffuser le génie de la France, occupé aux mêmes heures à installer un lycée modèle à Constantinople (lycée de Galata-Séraï), tira incontinent parti de l'occasion qui s'offrait d'elle-même. Au contingent de distingués professeurs, pour la plupart normaliens qu'il expédia à Péra, il inclut un petit groupe destiné au collège Chanazar-Nubar. De plus, il autorisa des professeurs du lycée de Galata-Séraï à se charger de certains cours à l'Ecole arménienne de Halidji-Keuï, et c'est ainsi que trois fois par semaine des maitres français, en outre de ceux attachés à demeure à l'établissement, y venaient enseigner les mathématiques, la physique, la chimie, le latin, l'histoire et la géographie. Je crois me rappeler que nous eûmes comme professeur d'histoire de France, un petit-fils de conventionnel s'appelant, si je ne me trompe, Granet, ancien normalien.

Dans le groupe de professeurs français exclusivement attachés au collège arménien, un homme s'y détache dont je ne veux point passer sous silence le nom, maintenant que se présente à moi l'occasion de parler de ces choses, qui datent de près d'un demi-siècle. Cet homme, un éducateur-né, fut l'âme même de cette Ecole arménienne : à la fois censeur, surveillant général, professeur de français et quand les circonstances l'exigeaient proviseur, économe et assez souvent simple pion ! Il s'appelait *Bongain* et suffisait à tout.

Des environs d'Orléans, ce Bongain, en 1869 d'un certain âge, après de fortes études dans sa jeunesse, à Paris, admissible à Normale à son premier concours, avait dû renoncer à sa carrière à la suite de revers de fortune auxquels malheureusement se mêlèrent des persécutions politiques à cause d'un oncle déporté à Lambessa. Surveillé de près par la police de la Sûreté pour son propre compte, il végétait à Paris à titre de pion-répétiteur dans les lycées. C'est là que le grand ministre Duruy le dénicha et, sans s'arrêter à la fiche policière de Bongain, le choisit afin d'inculquer l'âme française à de jeunes Arméniens d'Asie et de Constantinople. En excellence, quant aux résultats, le choix, je puis l'affirmer, dépassa toute attente. Aujourd'hui que je connais mieux la valeur des choses pour les comparer l'une à l'autre, ce Bongain, francisant à fond de jeunes Arméniens, je le classe dans mes souvenirs historiques aux côtés de Lebas chauffant à blanc, au plus fort de la Révolution, les jeunes élèves de l'Ecole de Mars aux Sablons. On le vit bien à la rentrée de 1870 au 1er septembre (1).

L'angoisse et l'anxiété régnantes de nos jours, les prodigieux sacrifices de vie eux-mêmes ne peuvent donner une idée de la violence de vertige qui s'empara de tous à

(1) Les grandes vacances commençaient le 1er juillet, se terminaient le 1er septembre.

la suite des terribles événements déroulés du milieu de juillet 1870 aux premiers jours de septembre.

Les jeunes Arméniens de l'Ecole Chanazar-Nubar, en âge de comprendre, y rentrèrent, l'âme brisée, se hâtant afin de trouver auprès de leurs maîtres aimés des paroles de réconfort et d'espérance. Des cinq qui formaient la phalange française, quatre étaient partis. Il restait Bongain trop âgé pour les suivre, mais Dieu qu'il était changé! Il allait d'un pas vacillant, fixement muet hors de ses fonctions de surveillant, toute vie morte en lui. Notre professeur de dessin, (Ducoudray, si je me rappelle bien), plus passionnément ornithologue que dessinateur, dès les premiers temps de son installation à l'école, avait établi sur la haute terrasse surplombant la petite cour, une élégante et vaste volière où des oiseaux de toutes espèces, par centaines, multicolores et babillards, de l'aube au crépuscule, chantaient à leur aise. En partant pour son régiment de marche, Ducoudray recommanda son monde ailé à son ami Bongain. C'est là en face de la volière que notre surveillant général, hors de ses heures de service, se tenait obstinément des heures entières immobile, son regard sans flamme, doucement posé sur les minuscules voltigeurs. Il y était au matin du 6 septembre lorsqu'on vint le demander au parloir de la part d'un ami venu à cheval de Péra.

En sortant du parloir, Bongain, visiblement transfiguré, les traits fermes avec d'étranges lueurs d'acier fauve aux yeux, accourut dans l'immense salle d'étude, la parole haletante, brusque il clama : mes enfants, la République est proclamée à Paris. Nous sommes sauvés, Vive la France ! Je ne puis vous en dire plus long aujourd'hui. Demain c'est jour de fête.

« On nous annonce une délégation de Zeitouniotes volontaires partant pour la

France. Nous les acclamerons, n'est-il pas vrai, mes petits (1) ».

Le lendemain, la délégation composée de quatre guerriers chefs de Zeitoun prit place sur l'estrade érigée dans la grande salle d'étude, en présence de tous les élèves, petits et grands tassés sur les bancs les uns sur les autres. Je les vois aujourd'hui encore ces Zeitouniotes, aux yeux bleus, la figure angulaire, le nez droit, aux larges narines hardies, surmontant de longues moustaches blondes pendantes jusqu'au cou, la main à la garde de leur épée courbe, la ceinture garnie de pistolets à crosse incrustée de nacre. C'étaient de fiers hommes.

Lorsque plus tard, en 1873, à la première exposition au « Palais de l'Industrie », après la guerre, en compagnie de mes condisciples du lycée Saint-Louis, vi-

(1) Dans la remarquable étude de M. Emile Doumergue : *L'Arménie, les massacres et la question d'Orient,* on trouve la mention de l'arrivée de ce petit corps de volontaires Zeitouniotes qui combattit dans les rangs de l'armée française.

sitant, sous la conduite de notre surveillant général, M. Gallois, les bronzes, je vis à l'entrée une statue équestre de Vercingétorix, je dis à mes jeunes camarades : tenez, voilà comment étaient nos Zeitouniotes qui se battirent sous le drapeau de la France en 1870.

Ces Zeitouniotes, Bongain les connaissait bien et les aimait. Il parla devant eux deux heures durant, ses paroles enflammées traduites à mesure, à ces rudes montagnards qui n'entendaient pas le français, par le professeur Tchéraz, son distingué collaborateur arménien à l'école Chanazar-Nubar.

A un demi-siècle environ de ces événements, on me pardonnera de ne point me rappeler l'entier discours de Bongain. Il fut question du Mont Valérien, de Paris, de *combats* et de *batailles*, ce qui ne nous change guère avec le moment présent. Une chose précise pourtant m'est restée dans la mémoire, c'est que ce jour-là ce Français, qui avait souffert sous l'empire, subi des persécutions, ne proféra pas, par délicatesse sans doute et parce qu'il parlait devant des étrangers, un seul mot de blâme contre le régime déchu, mais son attitude, ses gestes furent d'une telle éloquence qu'à cette heure, ce qui est exempt de tout inconvénient, pour me représenter Bongain, au lendemain de la proclamation de la République, il me faut penser à Dion Chrysostome, à la nouvelle de la mort de Domitien.

La harangue de Bongain terminée, d'un seul mouvement, les cinq cents jeunes Arméniens se dressèrent debout, entonnèrent d'une voix ferme la *Marseillaise*.

C'est parce que à quarante-sept ans d'intervalle les échos de leur chant tintent encore dans mes oreilles que par un *Trait d'Union*, en tête de ces pages, j'ai joint l'Arménie à la France.

FIN

TABLE DES MATIÈRES

Vannes. — Imprimerie Lafolye frères.

www.ingramcontent.com/pod-product-compliance
Ingram Content Group UK Ltd.
Pitfield, Milton Keynes, MK11 3LW, UK
UKHW020333230726
13925UKWH00002B/771